Clémentine Portier-Kaltenbach

HISTOIRES D'OS ET AUTRES ILLUSTRES ABATTIS

Morceaux choisis de l'Histoire de France

JC Lattès

17, rue Jacob 75006 Paris

ISBN : 978-2-7096-2830-3

À Françoise Gellain, épouse Legros...
Seule défunte des catacombes identifiée
par une plaque funéraire.

Introduction

Les ossements sans histoire se comptent par millions. Chacune des trente-six mille communes de France possède un ou plusieurs cimetières où cohabitent pacifiquement des générations entières de trépassés. Ces défunts-là, célèbres ou inconnus, ont été ensevelis une fois pour toutes après leur disparition. Reposant six pieds sous terre sous une dalle déclinant leur état-civil, ils sont en quelque sorte les nantis du royaume des morts. *De profundis*, fin de l'histoire !

Moins heureux, les restes de six millions de Parisiens artistiquement entreposés dans les catacombes ont été condamnés à l'anonymat à perpétuité. Pour ceux-là, ni cercueil, ni couronne, ni marbre, ni caveau. Ils forment les sombres bataillons du sous-prolétariat du squelette.

La visite des catacombes fait toujours forte impression. Elle nous renvoie sans ménagement à notre insignifiance, nous plonge dans les considérations existentielles d'un Hamlet prononçant, un crâne en mains, son célébrissime « *To be or not to be ?* ».

Barons de Charlemagne, pauvres hères de la cour des miracles, aristocrates morts sous le couperet de la guillotine ou dans leur lit, les uns et les autres sont unis indistinctement et à jamais dans leur dernier sommeil. Oui, vraiment, l'immense ossuaire souterrain fait froid dans le dos ! Toutes ces vies évanouies...

Pourtant, il y a dans tous ces os quelque chose de fascinant, leur spectacle angoisse et réconforte tout en même temps.

Car enfin, nous qui les contemplons, ne sommes-nous pas vivants ?

Le bonheur d'être en vie est peut-être plus intense encore devant les reliques de grands de ce monde auxquels l'histoire a refusé de reposer paisiblement et surtout, « dans leur intégralité », en leur dernière demeure. Parce qu'alors vient se mêler à la joie d'exister un sentiment de toute-puissance aussi grisant que dérisoire.

Contemporains de Louis XIV ou de Napoléon, aurions-nous eu le privilège de rencontrer ces messieurs ? Ne serions-nous pas plus sûrement, comme mille autres inconnus, morts d'épuisement sur le chantier du château de Versailles ou gelés en traversant la Bérézina ? Ces « Grands Hommes » que jamais nous n'aurions croisés de leur vivant, voilà que nous leur faisons face. Simples anonymes, nous pouvons tout à loisir dévisager Louis XI dont le crâne est conservé dans une vitrine à Cléry-Saint-André, ou nous attendrir sur La Fontaine dont un morceau de vertèbre, détenu par le musée Carnavalet, achève de se dessécher dans la ouate.

Un os, un cheveu, une dent, un crâne, ce ne sont pas là des souvenirs ou des vestiges archéologiques comme les autres. Par leur truchement, nous voici projetés dans la plus grande intimité de l'être auquel ils ont appartenu. N'y a-t-il pas un reste de vie dans cet os ou cet organe dont la vie s'est pourtant échappée ? Ces « rogatons organiques », ne sont-ils pas d'une certaine manière une forme de matérialisation de l'âme du défunt ?

Reliques, ossements et tombeaux : en la matière, point de demi-mesure, ces sujets passionnent ou laissent totalement froid : la tombe de saint Pierre, à Rome, a fait l'objet de livres entiers. Celle de Ponce Pilate est-elle bien à Vienne ? L'on saurait donc où reposent les os du célèbre procurateur qui condamna le Christ ? Où donc se trouvent les crânes de Richelieu ou de Charlotte Corday ? Le cerveau de Talleyrand, esprit le plus affûté du XIXe siècle, est-il bien parti à l'égout ainsi que le raconte Victor Hugo dans *Choses vues* ? Est-il vrai que l'on possède des dents de Louis XIV et du roi Dagobert, des poils de barbe et la tête momifiée d'Henri IV ? Que penser de la côte de Jeanne d'Arc détenue par le musée de Chinon. Et Napoléon : ses os reposent-ils bien sous le dôme des Invalides ?

C'est à ces grands morts sans sépulture fixe que nous allons nous intéresser, à ces dépouilles honorées ou honnies, déterrées, mises en pièces, exposées, collectionnées, ré-inhumées, entraînées par les vivants dans une infernale danse macabre.

Seules des reliques profanes seront étudiées, celles dont la contemplation ou la simple idée exigent non pas un exercice de piété mais un travail d'imagination.

Que l'on puisse s'intéresser aux restes d'un simple mortel en dehors de toute dimension spirituelle, de toute référence à Dieu, voilà qui pendant des siècles aurait fait blêmir le moins fervent des chrétiens.

La chose aurait été considérée comme impie voire comme la manifestation d'un inavouable commerce avec le diable.

En revanche, depuis le Moyen Âge, vouer un culte aux reliques de saints, martyrs ou autres héros de l'Église a toujours été chose courante et chaleureusement recommandée : tout saint était réputé avoir vu, touché Dieu même ! Le moindre de ses organes, et, par « capillarité sacrée » en quelque sorte, le moindre des objets ou vêtements qu'il avait portés ou touchés de son vivant, devenaient sacrés à leur tour et protégeaient leur détenteur de toutes sortes de malheurs et de maux. Cela donna lieu à un très florissant commerce qui culmina au XIIIe siècle : on sait que saint Louis acheta toutes les reliques qui lui furent proposées et dépensa pour la couronne d'épines du Christ trois fois plus que pour édifier la Sainte Chapelle destinée à recevoir l'objet.

Les restes saints en tous genres vont avoir les honneurs de reliquaires toujours plus beaux, toujours plus ouvragés. Cette magnificence rend hommage à leur caractère sacré et permet du même coup de dissimuler leur laideur. Car force est de constater que les ossements humains sont aussi tristes qu'inesthétiques. Les comparer aux attributs magnifiques que laissent en mourant certaines créatures du règne animal – cornes, rostres, ramures, peaux, défenses, fourrures ou plumes – ne laissait au genre humain qu'une seule alternative : crier à l'injustice jusqu'à la fin des temps, ou se mettre sur-le-champ à l'orfèvrerie !

C'est avec la Renaissance, puis la Réforme que va naître un semblant d'esprit critique sur les restes saints.

Dès 1543, dans son *Traité des reliques*, Calvin dénonce la présentation de reliques identiques en des lieux différents : poils de barbe de Noé, écailles de la lèpre du lépreux guéri par le Christ...

L'ouvrage de Calvin apporte également des informations capitales à ceux qui de nos jours s'interrogent sur la possibilité de cloner Jésus à partir d'un échantillon de son ADN. Où trouver cet ADN, peut-on légitimement se demander, puisque le Christ est ressuscité ?

La réponse est pourtant simple : en plus des morceaux de son cordon ombilical conservés dans une bonne quinzaine de sanctuaires européens, Calvin dénombre trois prépuces de l'enfant Jésus et signale, en outre, que le couteau de la circoncision est exposé à Compiègne. On trouverait également cet ADN dans le sang imprégnant les trois tuniques du Christ : Suaire de Turin, Suaire d'Oviedo et Sainte tunique d'Argenteuil. D'après les plus récentes expertises, il semblerait que le sang analysé sur ces trois vêtements appartienne au même groupe sanguin AB.

Enfin, l'ADN de Jésus pourrait même être extrait de ses pellicules identifiées sur les différents suaires.

Voilà donc un ADN qui, contre toute attente, court les sanctuaires, les reliquaires et les laboratoires internationaux. Il y a là de quoi nourrir l'imagination des romanciers et des Thomas Diafoyrus du clonage, de quoi aussi les exposer à des surprises de taille.

Le courant critique né avec la Renaissance culminera à l'aube du XIXe siècle. Dans son *Dictionnaire critique des reliques et des images miraculeuses*, Collin de Plancy (1793-1887) dénombrera huit bras pour saint Blaise, trente-deux doigts pour saint Pierre, onze jambes pour saint Matthieu, dix têtes pour saint Léger et trois corps pour sainte Agnès. Désormais, l'on n'hésite plus à épingler cette ahurissante profusion de « restes » : dans la pièce d'Henri de Richaud *Les Reliques*, l'évêque apprenant le nombre de capsules reliquaires renfermant du lait de la Vierge Marie s'exclame : « Avec tout ce lait, on pourrait faire un considérable camembert ! »

Dans les années qui suivent la Révolution française, l'engouement pour les reliques achève de se déplacer des reliques saintes aux reliques profanes. Si Dieu n'existe pas, alors l'homme est en ce bas monde la seule créature digne d'intérêt, celle qui supplante tout autre par son intelligence, sa performance technique, son génie en somme.

Si le ciel est vide, l'âme non plus n'existe pas, la seule chose qui survit à l'homme ce sont ses os et ce sont eux qui témoignent de son éternité.

Les amateurs de reliques aspirent désormais davantage à s'émouvoir face au crâne d'un Descartes que devant l'omoplate de sainte Gudule !

Si la relique sainte est en perte de vitesse, sa nomenclature établie par l'Église catholique reste cependant une source d'inspiration incontournable. Cette typologie distingue les reliques « *insignes* » lorsqu'elles sont de grande dimension et qu'il s'agit d'une partie noble (corps entier, tête, ...), « *notables* » lorsqu'il n'y a que quelques éléments de moindre importance (mains, pieds,...), « *exiguës* », pour des portions plus réduites (dents, doigts, un os)[1].

Assez proche, quoique très irrévérencieuse, c'est une classification « bouchère » en « Pièces nobles », « Second choix » et « Bas morceaux » qui sera retenue dans les pages qui vont suivre.

Car seul un respectueux sourire porté sur les pérégrinations indéniablement tragicomiques de certaines reliques devrait permettre au lecteur de ne pas sombrer doucement dans la mélancolie, à mesure qu'il égrainera le chapelet d'ossements que l'on s'apprête à évoquer ici !

Ceci posé, encore reste-t-il à justifier le choix opéré parmi les restes célèbres et baladeurs dont l'histoire a conservé la trace.

---

1. J. Bricourt, *Dictionnaire pratique des connaissances religieuses*, Librairie Letouzey et Ané, 1927, col. 1176.

En fait, la notoriété et la divagation ne sont pas des critères suffisants pour se pencher avec attention sur une dépouille. En 1793, année difficile s'il en fut pour les défunts de tous poils, des sans-culottes exhumèrent à Salon-de-Provence le corps de Nostradamus puis burent dans son crâne, imitant lord Byron qui buvait son punch dans une calotte crânienne. L'astrologue qui avait demandé à être enseveli en position verticale dans un mur de l'église des Cordeliers, « pour qu'aucun poltron imbécile ne piétine la tombe », avait bien prédit le jour de sa mort, mais n'avait manifestement pas lu dans les astres que son crâne ferait office de chopine ! L'anecdote est plaisante certes, mais ce crâne dont l'histoire s'arrête là ne saurait par conséquent entrer au Panthéon de la relique profane.

De même, évoquer Bertrand Du Guesclin, dont le corps fut littéralement déchiqueté, reviendrait à faire le récit aussi laborieux qu'indigeste des allées et venues de ses entrailles entre divers sanctuaires et socles de statues : cela non plus ne suffit pas à faire une histoire.

En revanche, avec Gambetta, dont le corps repose à Nice (son cœur a été glissé dans une grosse branche évidée de sapin d'Alsace puis scellé dans une urne au Panthéon, le cerveau est au musée Orfila et l'œil, conservé dans un flacon – car Gambetta, on le sait, était borgne –, atterrit mystérieusement au Musée de Cahors après avoir séjourné à Kiev et à Heidelberg), il est évident que l'on tient un candidat plus « séduisant » ! Mais la notoriété de Gambetta est-elle suffisante pour que l'on se penche plus avant sur l'éparpillement post mortem dont il fit l'objet ?

En effet, si l'on ignore tout de sa vie, savoir que son œil a sillonné l'Europe ne présente guère d'intérêt. S'émouvoir réellement des tribulations d'ossements ou d'organes suppose donc une connaissance élémentaire de l'être vivant que ceux-ci charpentèrent.

À ce titre, considérons maintenant la jambe momifiée de Catherine de Médicis, reliquat du pillage de Saint-Denis détenu par le Musée Tavet-Delacour de Pontoise. Son reliquaire est une sorte d'aquarium rectangulaire pour lequel quelque petite main dévouée a confectionné une ravissante housse en tissu provençal. À dire vrai, le fourreau à fleurettes une fois ôté, le spectacle du membre racorni est plutôt repoussant. Il serait tentant de s'en tenir à un bref coup d'œil.

Mais voilà, l'histoire nous dit de Catherine de Médicis qu'elle eut de fort jolies jambes : « Elle montait à cheval à la planchette, tel était le nom que l'on donnait alors à l'étrier inventé pour ou par Catherine qui s'était blessée à la jambe et qui appuyait ses deux pieds sur une espèce de bât de velours, en s'asseyant de côté sur le dos du cheval et en passant une jambe dans une échancrure de la selle. Comme la reine avait de très belles jambes, elle fut accusée d'avoir trouvé cette mode pour les montrer [1]. »

De telles précisions sont de nature à modifier totalement notre regard sur la jambe atrophiée et bru-

1. *Sur Catherine de Médicis*, Balzac.

nâtre de Catherine de Médicis. Le spectacle en sera même plus émouvant encore, si l'on sait que la reine, en plus d'être une cavalière émérite, fut une excellente danseuse qui contribua à enrichir les danses de son temps par des figures de son invention : à l'image de la jambe desséchée que l'on a sous les yeux se superpose maintenant celle de Catherine vivante, en tenue de grand deuil, dansant la pavane sous le plafond à coffrages d'un salon du Louvre.

Considérés dans leur ensemble, les exemples de Nostradamus, Du Guesclin, Gambetta et Catherine de Médicis indiquent assez clairement les éléments requis pour figurer au nombre des « Histoires d'Os et autres illustres abattis » : célébrité des personnages, rebondissements de leur histoire post mortem ou encore symbolisme des reliques dont leur notoriété a provoqué la constitution.

Enfin, en conclusion de ce prologue, il convient de préciser que seuls seront examinés les restes « hexagonaux ». Ce parti pris n'est en aucune manière la manifestation de quelque prédilection chauvine pour les squelettes franco-français. Il ne relève que de la plus élémentaire lucidité face à l'ampleur du sujet à traiter, les cimetières et reliquaires français offrant déjà plus qu'il n'en faut d'histoires intéressantes. Il faudra donc remettre à plus tard le récit des aventures des cendres de Christophe Colomb, du crâne de Mozart ou du très spectaculaire sexe de Raspoutine, exposé au Musée de l'érotisme de Saint-Pétersbourg assorti de force certificats d'authenticité.

Clemenceau à son médecin :

« C'est bien entendu : pour mon enterrement, je ne veux que le strict nécessaire, n'est-ce pas ?

— Qu'entendez-vous, Georges, par le strict nécessaire ?

— Moi ! »

PIÈCES NOBLES

Le crâne de Descartes

Le Musée de l'Homme a vécu l'année 2006 dans une ébullition tout à fait inhabituelle. Une grande partie de ses collections devait en effet traverser la Seine pour prendre place, quai Branly, dans les vitrines du nouveau musée des Arts premiers, ouvert au public depuis juin 2006. Pendant des mois, des milliers d'objets ont donc été répertoriés, photographiés puis entreposés dans d'innombrables caisses dans l'attente de leur transfert.

Durant tout ce temps, indifférent à l'agitation créée par un déménagement qui ne le concernait pas, le crâne de René Descartes sommeillait dans l'obscurité et le silence d'un coffre-fort meublant l'un des bureaux souterrains du musée.

Comment le crâne du philosophe a-t-il échoué dans une armoire blindée au Palais de Chaillot ? Mort en Suède, Descartes n'y fut-il pas inhumé ? Que fait-il à Paris où, tout compte fait, il ne résida pour ainsi dire jamais, puisque de 1628 à 1649, il vécut aux Pays-Bas, ne vint qu'à trois reprises à Paris et ce pour de très courtes durées (en 1644, 1647 et 1648).

Au fronton du 14 de la rue Rollin, petite artère du Quartier latin située non loin du Panthéon, une plaque déposée par le Collège de Philosophie rappelle que Descartes (1596-1650) logea ici à chacun de ces trois séjours. Lorsqu'il revint à Paris, pour toujours cette fois, ce fut après sa mort et sa mise en pièces détachées !

Le séjour en Suède de Descartes est connu du grand public, même si cette notoriété est liée davantage au film *La Reine Christine*, dans lequel Greta Garbo incarna la souveraine suédoise, qu'à l'étude des manuels d'histoire.

Christine fut sans aucun doute la femme la plus cultivée de son temps : lectrice insatiable, elle parlait dix langues et entretint des relations avec les plus brillants hommes de lettres et savants d'Europe. Pascal lui dédiera d'ailleurs la célèbre machine à calculer de son invention. Mais c'est avec Descartes qu'elle va nouer le lien le plus fort.

Le philosophe lui ayant dédié une dissertation qui eut l'heur de lui plaire, la reine Christine le convia à Stockholm. En septembre 1649, elle envoya un amiral de sa flotte chercher le philosophe en Hollande où il vivait depuis maintenant vingt et un ans. Descartes débarque à Stockholm le 4 octobre 1649, accueilli comme un prince au Palais Royal. De santé fragile, il avait quitté la Hollande pour les terres froides de Suède avec appréhension, évoquant dans ses lettres sa crainte d'un séjour « au milieu d'une saison ennemie de son tempérament ».

Il voyait juste car la reine Christine, que pouvait saisir à toute heure du jour et de la nuit l'urgent besoin de philosopher, le faisait venir auprès d'elle au moins trois fois par semaine à 5 heures du matin pour échanger idées et projets. Descartes n'allait pas résister longtemps aux effets conjugués de ces consultations nocturnes et des rigueurs du climat suédois. Au début du mois de février 1650, il prit froid en se rendant au Palais Royal. Huit jours plus tard, le 11 février, à 4 heures du matin, après avoir ingurgité une infusion de tabac dans l'alcool, remède de son invention, il s'éteignit à cinquante-quatre ans probablement victime d'une pneumonie.

Mort à Stockholm dans la modeste demeure de Chanut ambassadeur du roi de France, l'auteur du *Discours de la Méthode* et des *Passions de l'âme* est alors enterré non loin de là, au cimetière des Innocents, un cimetière qui n'existe plus de nos jours et dont l'église Adolf-Fredrik-Kyrka occupe désormais l'emplacement.

Juste devant le chœur de l'église, un monument commandé un siècle plus tard au plus grand sculpteur suédois du XVIIIe siècle, Johan Tobias Sergel, est dédié à la mémoire du philosophe. C'est une allégorie représentant la victoire de la Lumière sur les Ténèbres.

Le défunt Descartes aurait peut-être préféré, du moins dans un premier temps, être honoré par l'allégorie contraire : celle de la victoire des Ténèbres sur la Lumière, du repos éternel sur les feux de la rampe *ad patres*. Car en fait d'éternité, le malheureux ne va jouir que de quelques années de tranquillité dans sa dernière demeure initiale.

En effet, en 1666, alors qu'il repose en terre suédoise depuis seize ans à peine, la France se souvient soudain de lui et souhaite faire procéder sans plus attendre à son rapatriement.

À cette époque, la reine Christine a abdiqué et quitté la Suède pour l'Italie depuis déjà douze ans ; mais si elle avait encore été reine au moment de la demande française, aurait-elle autorisé cette exhumation ? Le traumatisme qu'elle-même avait vécu enfant lui en aurait sans doute fait prendre l'idée seule en horreur : à l'âge de six ans, lorsqu'elle perdit son père, sa mère était en effet entrée dans un deuil long et morbide. Elle avait fait placer le cercueil de son mari dans sa propre chambre et l'y conserva pendant près de deux ans. En outre, elle gardait le cœur du roi dans une boîte en or placée au-dessus de son lit ! De quoi dégoûter à tout jamais sa fille du culte des reliques ! Pour effrayant qu'il soit, ce cas n'a rien d'unique. Ainsi, Hortense Mancini, nièce de Mazarin, inhumée comme lui à l'Institut de France qui s'est suicidée en Angleterre. Son mari dont elle était séparée voyagea un an avec son corps avant de se résoudre à l'inhumer. Autre anecdote de la même eau mais plus suspecte car Dumas et Tallemant des Réaux, grands colporteurs de ragots, en sont les auteurs :

Marguerite de Valois, la fameuse reine Margot, aurait acheté au bourreau la tête de son amant La Mole, l'aurait fait embaumer, lui aurait rempli la bouche des bijoux qu'il lui avait offerts et aurait enfermé la tête dans un coffret, puis enterré celui-ci dans le jardin de l'abbaye de Montmartre. Quoi de plus naturel pour une princesse dont chacun savait qu'elle portait dans des boîtes accrochées à ses jupes les cœurs embaumés de ses amants : « Elle portoit un grand vertugadin qui avoit des pochettes tout autour, en chacune desquelles elle mettoit une boiste où estoit le cœur d'un de ses amants trespassez ; car elle estoit soigneuse, à mesure qu'ils mouroient, d'en faire embaumer le cœur. Ce vertugadin se pendoit tous les soirs à un crochet qui fermoit à cadenas, derrière le dossier de son lict[1]. »

À la même époque, sa propre mère, Catherine de Médicis, après avoir trempé dans l'assassinat de Gaspard de Coligny par les Guise, aurait fait embaumer la tête de celui-ci pour pouvoir l'offrir au pape ! Au regard de ces pratiques, la mère de Christine de Suède ne se comporte finalement pas de façon si extravagante !

Par une étrange ironie du sort, Christine mourra d'une pneumonie tout comme Descartes, mais près de quarante ans après lui, en 1689. Reine protestante dont la conversion au catholicisme était apparue comme un triomphe pour la papauté, elle jouira à ce titre du privilège unique d'être mise en terre dans les

1. Gédéon Tallemant des Réaux.

Grottes vaticanes où seuls les papes sont normalement habilités à reposer.

Mais revenons-en à Stockholm en 1666. La France a chargé un certain chevalier de Terlon de négocier avec la Suède l'exhumation et le convoiement de la dépouille de Descartes jusqu'à Paris. Il va s'acquitter avec conscience et enthousiasme de cette tâche aussi grandiose qu'ingrate. En récompense de ses bons et loyaux « services funéraires », il estime avoir mérité quelque trophée : au cours de l'exhumation du corps, il prélève donc sur le squelette de Descartes un doigt « qui a servi d'instrument aux écrits immortels du défunt ». C'est en tous cas ce qu'il précisera par la suite dans ses mémoires pour expliquer son macabre larcin.

Au lieu de se préoccuper des doigts du philosophe, nous verrons par la suite qu'il aurait mieux fait ce jour-là d'avoir à l'œil la fine équipe de ses accompagnateurs, composée de quelques gardes de la ville et de leur officier Isaac Planström.

Quoi qu'il en soit, les ossements de Descartes, moins un doigt, sont remisés dans une boîte en cuivre, elle-même encastrée dans une châsse en fer. Le précieux chargement, placé sous la garde de valets du chevalier de Terlon, prend alors le chemin du retour. Pendant près de huit mois, la caisse à laquelle on a donné l'apparence d'une vulgaire malle de voyage sera brinquebalée de-ci de-là. Pourquoi un tel périple ? La Suède n'est pas si éloignée de la France, et même à l'époque, voyager entre l'un et l'autre de ces deux pays n'aurait pas dû prendre si longtemps.

Aussi incroyable que cela puisse paraître, si

l'équipée fut entourée de mille précautions, fit mille détours, c'est par crainte que les Anglais viennent à dérober les restes de Descartes ! Quant à savoir pourquoi l'Angleterre aurait pu vouloir le kidnapper ? Mystère !

Une fois à Paris, après un arrêt chez un certain d'Alibert, qui fut l'ami du philosophe, puis à l'église Saint-Paul, les restes de Descartes sont transportés sans la moindre oraison funèbre jusqu'à l'église Sainte-Geneviève, aujourd'hui Saint-Étienne-du-Mont, place du Panthéon. À quoi rimait-il de faire revenir Descartes de Suède à grand-peine, pour le traiter ensuite avec tant de désinvolture ? Probablement à rien d'autre qu'à donner au roi de France la satisfaction de s'en savoir « propriétaire ». Le défunt quant à lui, du haut du ciel, n'avait plus qu'à espérer qu'on le laisserait désormais reposer en paix. Cela va d'ailleurs être le cas pendant plus d'un siècle, une vraie éternité au regard des si brèves années passées sous terre à Stockholm.

Mais se projeter un peu plus d'un siècle après l'épisode du transfert à Sainte-Geneviève revient, hélas, à retrouver Descartes aux alentours de 1789 !

Or, dans les premières années de la Révolution, la toute jeune nation française semble littéralement possédée de l'irrépressible besoin d'en découdre avec son passé : tous les cimetières et sanctuaires de France sont mis sens dessus dessous dans l'euphorie, des trésors artistiques sont saccagés férocement et méthodiquement. Dès 1790, la Convention mandate le peintre Alexandre Lenoir pour qu'il procède, parmi les gisants, tombeaux et sculptures venant des édifices religieux, au choix des plus dignes à ses yeux d'être conservés. Il va donc assister aux exhumations effectuées dans les églises, abbayes, et cimetières de Paris et de ses environs, afin que les objets précieux que ceux-ci recèlent ne soient pas détruits sur-le-champ. Bien souvent, il lui faudra argumenter devant des sans-culottes incrédules pour protéger certaines œuvres de la destruction ou même user de stratagèmes : « Je n'ai pu préserver les figures en bronze de Sarrazin provenant du tombeau de la famille de Condé qu'en les couvrant moi-même d'une couleur blanche délayée à la colle. » L'aveu de ce subterfuge figurant dans les papiers de Lenoir conservés aux Archives nationales lui aurait coûté la vie s'il avait été découvert. Mais la fin justifiait les moyens : Lelièvre ne sauva-t-il pas le « saint clou » de la crucifixion du Christ acheté par saint Louis, au prétexte de se livrer sur l'objet à des expériences minéralogiques d'une importance scientifique prétendument capitale ? Faute des subsides nécessaires à la bonne marche de son musée, Lenoir sera lui-même contraint de détruire certaines œuvres d'art.

Dans son journal, il raconte comment il en était réduit, après autorisation ministérielle, « à chauffer son musée avec une partie de ses sculptures en bois » ; comment aussi, en novembre 1793, il dut livrer aux Comités révolutionnaires quatre cent quatre-vingt-dix portraits de nobles, prélats et princes destinés à être brûlés publiquement. Un vrai crève-cœur pour le jeune peintre qu'il était !

Si Lenoir souhaite récupérer les restes de Descartes, c'est qu'il compte lui consacrer, ainsi qu'à d'autres célébrités disparues, un monument funéraire au sein du « Jardin Élysée » de son futur musée des Monuments français. Ce musée n'eut qu'une assez brève existence. Il se trouvait dans les bâtiments désaffectés du couvent des Petits-Augustins, situé sur l'emplacement de l'actuelle École nationale supérieure des Beaux-Arts. Pour le constituer, Lenoir utilise des éléments de tombeaux de styles et d'époques différents et les assemble entre eux pour créer de nouveaux cénotaphes. Le caractère anachronique que lui conféraient ces assemblages hétéroclites fut beaucoup reproché au musée de Lenoir. Mais il est indéniable que sa création permit le passage à la postérité d'œuvres magnifiques que les révolutionnaires auraient sans nul doute impitoyablement réduites en miettes si on leur en avait laissé la possibilité.

Alexandre Lenoir, selon ses propres termes, sort les restes de Descartes de leur « cercueil de bois pourri » : direction Jardin Élysée des Petits-Augustins, pour une nouvelle et courte pause d'une vingtaine d'années sous un austère tombeau de pierre dure, agrémenté de griffons. Décrit par son concepteur, le Jardin Élysée est un lieu « calme et paisible où l'on voit plus de quarante statues et des tombeaux posés çà et là sur une pelouse verte ; des pins, des cyprès les accompagnent ; des larves et des urnes funéraires posées sur les murs concourent à donner à ce lieu de bonheur la douce mélancolie qui parle à l'âme sensible ».

Un lieu de villégiature ô combien plus plaisant que ceux jusqu'alors fréquentés par le défunt Descartes, mais qui lui aussi ne devait être que provisoire, car la Convention projetait de le faire transférer au Panthéon. Descartes reçut d'ailleurs à Sainte-Geneviève une brève visite des dépouilles de Mirabeau et de Voltaire alors en transit pour le nouveau temple des grands hommes. La Convention n'aura pas le temps de mettre ce projet à exécution ; en 1816, la monarchie rétablie exige de Lenoir qu'il restitue ses collections à leurs anciens propriétaires publics ou privés. Le reliquat du musée des Monuments français sera présenté pour partie en 1824 au Louvre, dans la galerie d'Angoulême sous le terme générique de Musée de la Sculpture française, et pour partie en 1836 au musée de Versailles.

Le tombeau de Descartes du Jardin Élysée n'échappe pas à ce démantèlement, ce qui donne lieu le 26 février 1819 à un énième transfert des cendres du grand homme vers une nouvelle destination.

Récapitulons : depuis sa mort, le 11 février 1650, Descartes a « séjourné » au cimetière des Innocents de Stockholm, chez le sieur d'Alibert, en l'église Saint-Paul, en l'église Sainte-Geneviève, au Jardin Élysée du musée des Monuments français et enfin, à Saint-Germain-des-Prés, sixième et ultime lieu de résidence de sa dépouille !

Pour 95 % du corps de Descartes, l'errance s'arrête ici, dans l'une des chapelles de l'église Saint-Germain-des-Prés, sous une pierre marquée d'une plaque. De nos jours, des visiteurs du monde entier viennent quotidiennement lui rendre hommage. En revanche, le proche voisin dont les ossements jouxtent les siens pour une éternité que l'on espère désormais définitive n'est, pour sa part, guère sollicité. Il s'agit pourtant des cendres d'une autre de nos gloires nationales, le grand Boileau, sur les restes duquel personne ne manifeste jamais le désir de se recueillir. La postérité a parfois de ces injustices !

Deux ans plus tard, en 1821, le célèbre naturaliste Cuvier, créateur de l'anatomie comparée et de la paléontologie, reçoit du chimiste suédois Jacob Berzelius un mystérieux paquet en forme de boîte à chapeaux. Ce paquet contient un crâne.

D'après la lettre qui l'accompagne, il s'agirait de celui de Descartes, dont Berzelius croit savoir que l'absence aurait été remarquée à l'occasion de l'avant-dernier transfert des restes du philosophe, opéré trois ans auparavant. Le scientifique précise ensuite dans quelles hasardeuses circonstances la relique est parvenue entre ses mains. Il aurait appris en feuilletant une gazette que ce crâne venait d'être acheté par un M. Arngren au cours de la vente à l'encan des biens d'un certain Sparrman. Ainsi, figurant probablement dans un inventaire après décès entre un vase de nuit et une paire de chaussettes, le crâne qui avait formulé « Je pense donc je suis » était mis en vente pour trente-sept francs !

Berzelius s'empresse de contacter Arngren auquel il rachète à son tour la relique qu'il expédie en France afin qu'elle y rejoigne le reste du squelette. Peut-être pensait-il que Descartes ayant recouvré son intégrité physique connaîtrait enfin l'éternelle félicité de l'âme ?

Sparrman, précédent propriétaire du crâne, était tenancier d'une maison de jeux « secrètement tolérée », c'est-à-dire très probablement assortie de quelque activité galante. Pour quelles raisons ce sulfureux individu voulut-il posséder le crâne du grand philosophe ? Et comment se représenter sans frémir la relique de Descartes homme discret, méditatif, amoureux de la solitude, exposée au spectacle des turpitudes auxquelles devait être accoutumé ce genre d'établissement ?

Mais le plus incroyable restait encore à venir : Berzelius découvrit que Sparrman n'était en fait que le dernier d'une longue liste de propriétaires du crâne sur lequel chacun d'entre eux avait pris soin d'inscrire son nom. Les signatures respectives de ces « propriétaires crâniens » sont d'ailleurs encore reconnaissables de nos jours. Parmi eux : Isaac Planström, déjà mentionné, officier des Gardes de la ville de Stockholm qui ôta discrètement le crâne de la bière pendant que le Chevalier de Terlon s'occupait de son doigt. À côté de son nom, Planström a inscrit la date de son forfait : « 1666. » Il aurait vendu l'objet pour payer ses dettes. Certains auteurs prétendent d'ailleurs qu'il ne se serait pas contenté de subtiliser le crâne, mais qu'il l'aurait remplacé par un autre mystérieusement disparu.

Suivent en vrac les noms de von Stiernman (1751) grand écrivain suédois, de l'évêque Olaus Celsius, d'Haegeflycht, d'Arckenholz, hagiographe de la reine Christine, de Fischerström, d'Ahlgren et autres patronymes nordiques tout aussi faciles à retenir. Le nom de Descartes est quant à lui inscrit deux fois, assorti d'un quatrain rédigé en latin dont voici le premier vers : « *Parvula Cartesii fuit haec calvaria magni* » (« Ceci est le pauvre petit crâne du grand Descartes »). Un crâne qui aurait donc eu successivement neuf propriétaires, sans compter Berzelius et Cuvier.

Sa découverte déclenche à Paris une véritable tempête dans un verre à dent académique : le baron Cuvier charge Delambre – un astronome ! – de mener l'enquête. Delambre a assisté en 1819 à l'inhumation de Saint-Germain-des-Prés. Il est tout à fait certain de ne pas avoir vu de crâne ce jour-là. Au terme de ses investigations, il acquiert cependant la conviction que le crâne, dit désormais « de Berzelius », n'est pas celui du philosophe. Ainsi que le relève avec esprit Philippe Comar dans l'ouvrage qu'il a consacré à cette affaire, le crâne devient le dernier sujet dont on cause : « Le 14 mai 1821 [...] les trois sujets qui occupent ce jour l'Académie sont la Membrane de l'hymen, la Flore médicale des Antilles, et la tête de mort venue de Suède. »

Cuvier, quant à lui, défend la thèse de l'authenticité. Pour étayer son exposé, il invite les académiciens à constater l'évidente ressemblance existant entre ce crâne et le portrait de Descartes que lui a obligeamment prêté le musée du Louvre.

Naturellement, Cuvier a questionné Alexandre Lenoir, acteur capital des dernières exhumations. Ce dernier ignore si le cercueil contenait ou non un crâne. En revanche, il se souvient que, de toute évidence, la dépouille avait déjà été pillée, amputée d'un bras et d'une jambe et il reconnaît au passage avoir prélevé un os plat pour y faire tailler des bagues destinées à ses amis. L'anecdote peut sembler macabre, mais en ce début de XIXe siècle elle ne choque personne. Dans ce même registre, un décret de 1792 avait prévu que les cendres des grands hommes devaient être recueillies et transportées à la Monnaie. Là, elles devaient être transformées en plâtre pour fabriquer des coupes où les patriotes boiraient au triomphe de la Révolution. L'opération remporta en son temps le plus vif succès et l'on vit arriver à la Monnaie des charretées entières d'ossements supposés célèbres. Comment s'offusquer après cela que l'écrivain Pétrus Borel, dit le Lycanthrope, ait quelques années plus tard arboré « os...tensiblement » dans les salons parisiens une chevalière en os de Descartes !

Des ossements transformés en bimbeloterie, un crâne ayant côtoyé joueurs et gourgandines... De quel nouvel outrage la pauvre dépouille profanée de Descartes pouvait-elle encore faire l'objet ?

L'ultime sacrilège viendra de Gall, spécialiste d'une discipline naissante dite « phrénologie », selon laquelle les bosses du crâne reflètent les aptitudes intellectuelles et morales des individus. Comme le crâne de Descartes, contrairement aux vœux de Berzelius, n'a pas retrouvé le reste du squelette à Saint-Germain-des-Prés mais a rejoint la Collection anatomique du Jardin des Plantes, Gall en obtient le moulage qu'il va s'amuser à comparer avec celui du crâne de Sade. On ne saurait imaginer plus grande humiliation posthume pour l'austère Descartes. Lui qui a consacré son existence entière à la philosophie, aux mathématiques, à la médecine, voici que son crâne, où sont nées les idées les plus pures, où furent échafaudées les théories les plus abstraites, est mis en balance avec celui qui conçut les récits érotiques les plus pervers et sombra finalement dans la folie. Dans la foulée de Gall, Broca, fondateur de la société d'anthropologie de Paris, se demandera lui comment Descartes pouvait être aussi brillant avec un cerveau aussi petit ? Un sujet qui occupera l'Académie pendant trois mois en 1861.

Pour le crâne, l'errance reprend de plus belle. En 1878, il est exposé au public dans une vitrine de la collection anthropologique du Jardin des Plantes sous l'étiquette « Crâne dit de Descartes », à côté des crânes de Lacenaire et de Cartouche : un assassin et un bandit ! Décidément, mis à part le voisinage de ses os avec ceux de Boileau, Descartes semble condamné à ne plus frayer qu'avec la canaille ! En 1898, la salle fermée au public est désormais réservée aux chercheurs et en 1910 on remise la relique dans un coin du musée pour la protéger de la grande crue. On l'y oublie, on la croit perdue, on la retrouve. À la demande de l'Académie des Sciences, le crâne est finalement confié en 1913 à Paul Richer, membre de l'Académie de Médecine et des Beaux-Arts. Il se procure tous les portraits de Descartes qu'il peut trouver, mesure le crâne sous toutes les coutures, rédige des milliers de pages d'expertise. Il va même se rendre à la Préfecture de police pour y consulter Alphonse Bertillon, créateur d'un tout nouveau système d'identification des criminels appelé « anthropométrie ». À partir d'un portrait de Descartes, Richer réalise ensuite un buste tout à fait extraordinaire, sorte de puzzle en trois dimensions se démontant comme un jeu de cubes, à l'intérieur duquel il est possible d'encastrer le crâne. Que le moulage s'insère aussi parfaitement dans le buste est bien la preuve de son authenticité. Pour Richer, il n'y a plus de mystère, l'incident est clos.

Lors de la création du Musée de l'Homme, ouvert pour l'Exposition universelle de 1937, le crâne est remisé dans une armoire blindée. Il s'y trouve toujours. En 1994, une copie en résine de polyester a été réalisée pour être présentée dans le cadre de l'exposition permanente : « Tous parents, tous différents ». Cette exposition cherche à démontrer qu'en dépit de leurs différences visibles, tous les hommes modernes appartiennent à la même espèce, à la même communauté biologique. Les visiteurs peuvent en juger sur pièces en comparant dans une même vitrine le crâne d'un homme ayant vécu en Palestine il y a cent mille ans, celui d'un homme de Cro-Magnon originaire de Dordogne, il y a quarante mille ans, celui du premier paysan français vieux de sept mille ans, et le crâne original de René Descartes : « Tous semblables », indique le cartel. Le crâne de Berzelius, en tous cas sa copie, est donc devenu un outil pédagogique au service de la science, destination que les mânes de Descartes jugent à coup sûr plus cohérente et plus satisfaisante que les précédentes.

L'histoire du crâne s'arrête-t-elle ici ? Rien n'est moins sûr : tout récemment, un jeune chercheur a soumis au conservateur des collections anthropologiques du Musée de l'Homme un projet de comparaison entre l'ADN du crâne de Berzelius et celui des restes conservés à Saint-Germain-des-Prés. Descartes sera-t-il un jour reconstitué ou au contraire définitivement dépossédé de sa tête ? En attendant que le chercheur en question obtienne les autorisations nécessaires, une ultime et piquante information délivrée par le conservateur devrait lui permettre de concocter un projet d'expertises groupées. Car Descartes n'est pas le seul résident de Saint-Germain-des-Prés à avoir perdu la tête : Boileau, son voisin de « chambrée », n'en a pas non plus. Où donc alors se trouve son crâne ? Pas bien loin, il est aussi au Musée de l'Homme !

INVENTAIRE DU SQUELETTE DE DESCARTES

Manquent :
– le crâne
– un doigt
– un bras
– une jambe
– + un os plat (sans doute du bassin) transformé en bagues

Élément supplémentaire :
Dans *Souvenirs de la maison des morts*, Dostoïevski raconte que pour se rendre malades au moment où ils devaient recevoir un châtiment corporel, les forçats absorbaient un mélange de tabac à priser et d'eau-de-vie :
« J'ai connu un tout jeune forçat, ex soldat condamné pour meurtre, qui devait recevoir un maximum de coups de verges. La veille du jour où il devait être fouetté, il résolut de boire une bouteille d'eau-de-vie, dans laquelle il avait fait infuser du tabac à priser [...] Le pauvre diable tomba malade quelques instants après avoir bu sa bouteille d'eau-de-vie : il vomit du sang et fut emporté sans connaissance à l'hôpital. Sa poitrine fut si déchirée par cet accident qu'une phtisie se déclara et emporta le soldat au bout de quelques mois. »
Se pourrait-il que, croyant améliorer son état par la prise de ce même remède, Descartes, déjà très atteint par la tuberculose, se soit lui-même porté le coup fatal ?

Tête et barbiche de Richelieu

« Il faut se figurer alors le cardinal vieilli, malade, à bout. Il remontait du Midi à Paris où il venait mourir. [...] Lui, moribond, le corps crevé d'ulcères, la figure desséchée, presque noire, comme s'il eût été au cercueil, voyageait vers son lit de Paris en une énorme litière, une vraie chambre tendue de drap violet où ses secrétaires s'asseyaient avec lui et que portaient sur leurs épaules vingt-quatre gardes, le chapeau à la main [1]. »

Durant la longue et pénible agonie qui précéda sa mort, Richelieu fut contraint d'absorber les remèdes les plus inattendus. Quelques heures avant qu'il ne rendît son dernier soupir, une brave femme apporta à son intention un étonnant mélange de crottin de cheval dilué dans du vin blanc. Cette potion fut sans doute tout aussi infecte que le tabac infusé

1. *Les Grands Serviteurs de la Monarchie*, Louis Madelin.

dans l'eau-de-vie administré à Descartes, mais au moins ce dernier était-il l'inventeur du breuvage supposé améliorer son état !

Les différents biographes d'Armand du Plessis, cardinal, duc de Richelieu (1585-1642) s'accordent à penser qu'il fut probablement un grand dépressif, tout comme Louis XIII, dont il était le Premier ministre. Mais il souffrit aussi physiquement tout au long de sa vie de multiples maux : depuis les migraines les plus invalidantes dont le prélat se plaignait souvent, jusqu'à d'inavouables hémorroïdes qui stimulèrent l'inspiration des pamphlétaires évoquant à cœur joie le « cul pourri » et « puantissime » de son « Éminentissime ».

Au temps où il était en grâce auprès d'elle, Marie de Médicis lui faisait régulièrement apporter son bézoard personnel. La chose prête aujourd'hui à sourire, mais le bézoard était au XVIIe siècle le plus recherché des contre-poisons. C'était une sorte de concrétion pierreuse ou de calcul formé dans l'estomac ou le rein de certains animaux, en particulier ceux des chèvres ou des antilopes. On lui attribuait la propriété de chasser les venins, de neutraliser les poisons, bref, d'expulser de l'organisme toutes les « matières morbides » qui l'encombraient.

Tous les bézoards du monde n'y pouvant désormais plus rien changer, Richelieu s'éteint le 4 décembre 1642, à cinquante-sept ans, dans sa chambre du Palais Cardinal, actuel Palais Royal. Sa mort n'est pas une surprise, la dernière extrémité où il se trouvait depuis des mois laissait entrevoir une issue prochaine. Mais il avait fait l'objet d'attentats si nombreux que l'on s'attendait davantage à ce qu'il mourût de mort violente, transpercé d'une dague au cours de quelque traquenard, plutôt que dans son lit. On le détestait, nul ne le regretta. Son seul nom résonnait comme un cauchemar de cruauté. Ne fût-il pas le champion des exécutions capitales et des augmentations d'impôts ? Aussi, s'il avait indéniablement contribué à relever et fortifier la France, la postérité allait-elle conserver de lui une image conforme à la désastreuse réputation qu'il avait largement contribué à se forger de son vivant. Nos plus grands romanciers, Victor Hugo, Alfred de Vigny, Alexandre Dumas l'ont tous peint comme une sorte de monstre imposant. Dans *Marion Delorme*, Victor Hugo décrit la crainte qu'il inspirait par cette simple et terrible phrase : « C'est l'homme rouge qui passe... » De sorte qu'aujourd'hui encore, même si chacun s'accorde à reconnaître en lui l'immense homme d'État, on l'admire sans l'aimer.

Autopsié, vidé de ses entrailles, embaumé, posé sur un lit de parade, le corps de Richelieu est solennellement convoyé le 13 décembre 1642 jusqu'à la Sorbonne, par un magnifique char funèbre tiré par six chevaux. Mais déjà la rue s'agite et complote, nombreux sont les Parisiens qui pensent que la dépouille maudite serait plus à sa place à l'égout que dans une chapelle de la Sorbonne. Pour détourner l'attention de la foule qui déjà s'assemble dans le Quartier latin, le char délesté du cercueil qu'il transportait tourne longuement dans la cour d'honneur de l'Université, puis en ressort soudain et quitte Paris aux yeux de tous. Les esprits s'apaisent.

Le soir même, le cercueil est discrètement déposé dans le chœur de la petite chapelle Robert de Sorbon, au lieu même où se trouvaient, dit-on, les latrines du Collège de Calvi avant sa démolition en 1628. L'un de ces détails triviaux que les rimailleurs en tous genres se chargeront allégrement de faire passer à la postérité.

Pour un homme de Dieu, Richelieu semble avoir été particulièrement préoccupé par son apparence physique et son environnement outre-tombe : à la manière d'un pharaon d'Égypte, c'est lui qui a exigé par testament d'être embaumé, c'est lui qui a choisi pour recevoir sa dépouille la très belle chapelle de style jésuite édifiée à sa demande par Le Mercier. Mais pendant de longues années, les événements politiques, puis l'ingratitude de sa descendance le contraindront à manifester post mortem une humilité plus conforme à la robe qu'il portait de son vivant. Même après son transfert en 1648 dans la chapelle principale, sa sépulture ne sera surmontée durant plus de cinquante ans d'aucun ornement, hormis une plaque discrète.

La duchesse d'Aiguillon (1604-1675), nièce et principale héritière du cardinal, tardera pour le moins à lui manifester sa gratitude en finançant un monument qui soit à la fois digne de son oncle et à la hauteur de l'héritage faramineux qu'elle en avait reçu. Mais cela valait la peine d'attendre, car le tombeau de marbre blanc, sculpté par Girardon en 1694 sur les dessins de Le Brun, est un chef-d'œuvre de sculpture funéraire. Il représente le cardinal à demi couché la main droite sur le cœur, soutenu par la Religion ; de sa main gauche il désigne, à ses pieds, l'émouvante figure de la Science en pleurs.

Dans le concert de haine et d'indifférence qui entoura sa disparition, Richelieu aura cependant un admirateur sincère et non des moindres. Il s'agit de Pierre le Grand, tsar de Russie, qui demandera au cours de sa visite à Versailles à venir s'incliner devant son tombeau et qui, selon les mémorialistes du temps, se serait exclamé : « Que n'es-tu en vie, je te donnerais la moitié de mon Empire pour gouverner l'autre. »

Après un siècle et demi de tranquillité, Richelieu reçoit, comme tant d'autres défunts, la visite de quelques sans-culottes désœuvrés bien décidés à détruire son tombeau, le 15 frimaire An II, c'est-à-dire le 5 décembre 1793. Alexandre Lenoir, qui se précipite partout où l'on ouvre un cercueil, est évidemment présent ce jour-là. Voulant faire au chef-d'œuvre de Girardon un rempart de son corps pour le sauver « Au nom de la nation », Lenoir reçoit un coup de baïonnette. Par la suite, il écrira : « La tombe de Richelieu a été ouverte en ma présence et son corps constaté en excellent état de conservation fut mis en pièces par la multitude. Ce fut un certain homme, Cheval, qui porta le premier coup. » La multitude en question s'empare en effet du corps momifié pour le jeter à la rue ou à la Seine, on ne sait. Par la suite, les choses se déroulent sensiblement de la même manière pour

Richelieu que pour Descartes. Pendant que la foule se saisit du corps, le ci-devant Cheval, patriote de la section des Thermes, subtilise la tête, tandis qu'un maçon s'approprie un doigt. Décidément au royaume de la relique profane, les petits doigts ont un certain succès ! À ceci près que le chevalier de Terlon s'était arrogé le doigt de Descartes en admirateur pétri de respect pour le philosophe, alors que le maçon qui s'échina sur l'auriculaire de Richelieu cherchait seulement à en ôter une bague !

Être remarqué et choisi par Lenoir constitue pour tout défunt et toute sculpture funéraire un sésame pour le futur « Jardin Élysée ». Le cardinal alité, la Science en pleurs et la Religion compatissante quittent donc de concert la Sorbonne pour le couvent des Petits-Augustins. Le tombeau de Girardon ne retrouvera le Quartier latin qu'en 1821, alors même que l'université fermée sous la Révolution avait rouvert ses portes depuis 1806, à l'initiative de Napoléon. Pendant tout ce temps, le cercueil restera désespérément vide sous une humble plaque. Où donc était passé ce qu'il restait de son contenu ?

Cheval, le récupérateur receleur de têtes, exerçait, dit-on, la profession de bonnetier dans le quartier de la Sorbonne. Son amour des couvre-chefs avait-il tout simplement dégénéré en amour des crânes pour qu'il se jetât éperdument sur celui de Richelieu ? Voilà un mystère condamné à demeurer aussi obscur que celui du supposé kidnapping de Descartes par les Anglais ! Cheval conserva quelques temps chez lui la tête emballée dans un morceau du linceul. Fut-ce à la demande de son épouse, terrifiée par l'affreuse et grimaçante relique, ou plus sûrement parce qu'il craignait que le macabre trophée ne vînt un jour à le compromettre ? Toujours est-il qu'il chercha bientôt à s'en défaire discrètement. À la première occasion, il confia la tête à l'abbé Nicolas Armez, curé constitutionnel de Plourivo, village des Côtes-du-Nord, en jurant ses grands dieux qu'il avait soustrait la tête non par haine de Richelieu mais pour la protéger des profanateurs. De fait, il semble qu'il n'ait jamais cherché à monnayer sa relique. Une seconde version de ces mêmes événements prétend qu'un autre ecclésiastique, l'abbé Boschamp, fondateur de la bibliothèque municipale de Saint-Brieuc, passant devant la Sorbonne ce fameux 5 décembre, aurait vu des enfants jouer au ballon avec la tête de Richelieu, l'aurait confisquée, confiée à Cheval, puis, bien plus tard en 1805, l'aurait léguée à l'abbé Armez.

Quoi qu'il en soit, la tête échoit et pour longtemps à la famille Armez, puisque l'abbé en fait cadeau à son frère qui lui-même la transmettra ensuite à son fils. Il n'est pas question de s'en séparer : l'un des petits-neveux de l'abbé, devenu député à Paris dans les années 1830, sous la Monarchie de Juillet, l'emporte avec lui plusieurs fois pour la présenter à des collègues de l'Assemblée. En 1846, il la prête même au peintre Bonhomé qui souhaite réaliser pour le Conseil d'État un portrait du cardinal : poser de son vivant, voilà qui est assez classique, mais poser pour un peintre alors que l'on est mort depuis plus de deux cents ans, la chose n'est pas banale !

Pendant des années, les Armez accepteront de confier la relique au collège de Saint-Brieuc, pour qu'elle y soit régulièrement exposée lors des distributions des prix. Spectacle édifiant pour les élèves ! Pensait-on contribuer à améliorer leur niveau en orthographe ou en lecture en les confrontant à l'expression sceptique du fondateur de l'Académie française ?

Chez les Armez, on bichonne l'auguste relique devenue un vrai trésor de famille. On lui fait appliquer un traitement contre les insectes chez un pharmacien rennais en 1812, on la vernit, on l'exhibe. Des contacts sont pris avec des descendants de Richelieu ; mais pendant plusieurs années, offres et demandes de restitutions ne parviennent pas à concorder. Ce n'est qu'en 1866, sous Napoléon III, que la famille Armez charge le préfet des Côtes-du-Nord d'adresser la tête à Victor Duruy, ministre de l'Instruction publique du moment, pour que celle-ci retrouve enfin sa sépulture initiale.

Le commissaire priseur Henri de Viel-Castel évoque dans ses mémoires la réapparition de « La vraie tête du cardinal de Richelieu avec peau, barbe et moustache vendue 50 francs à un amateur en 1793 ». Cinquante francs ? À peine trente ans plus tard, le crâne de Descartes serait vendu trente-sept francs avec les biens d'Arngren à Stockholm. La tête du cardinal aurait donc été vendue treize francs de plus. Pourtant en pleine Terreur, ce ne sont pas les têtes seules qui manquaient, le marché n'était guère « porteur » si l'on peut s'autoriser ce mauvais jeu de mots.

En matière d'histoire d'os, incertitudes et approximations sont de mise : où disparut le corps de Richelieu ? La tête conservée ne serait-elle pas celle d'un autre défunt exhumé ce fameux jour de décembre 1793 à la Sorbonne : un quelconque membre de la famille de Richelieu ? Cheval l'a-t-il volée, achetée, voulut-il vraiment la sauver, l'a-t-il revendue ou donnée à l'abbé Armez ?

La tête est inhumée à nouveau le 15 décembre 1866, au cours d'obsèques officielles célébrées par l'archevêque de Paris, Mgr d'Arboy, en présence d'un parterre de notables, d'universitaires et de représentants de l'Académie française. Le malheureux archevêque qui ce jour-là bénit la tête momifiée ne le sait pas encore, mais il ne tardera pas à être lui aussi parcellisé en reliques : il sera fusillé pendant la Commune et l'on peut voir aujourd'hui encore dans la sacristie de Notre-Dame la vertèbre qui a reçu la balle fatale. Dans le *pensum* qu'il prononce le 15 décembre, Victor Duruy affirme très péremptoirement que jamais plus cette tombe ne serait violée. Ce fut en effet le cas : trente ans plus tard, la tombe serait non pas violée mais tout simplement ouverte.

Au moment de la Commune, la chapelle était accessible à toute heure du jour et de la nuit. Le soubassement du tombeau montrant quelques signes de faiblesse, il aurait suffi à un voleur un peu décidé de tendre le bras pour attraper le coffret de chêne contenant le crâne. Il était plus que temps d'envisager de nouveaux travaux ; mais il convenait de vérifier auparavant que le cardinal était encore présent. Nous sommes alors en 1895.

Nouvelle exhumation, nouveau « gratin », à la fois plus artiste, peintres, conservateurs, et plus mondain : la dernière représentante de la famille Richelieu, la princesse Alice de Monaco, a fait le déplacement. Le consul Auguste François, invité pour faire quelques photographies, l'égratigne d'ailleurs un peu dans le récit qu'il fait de cette réunion, ironisant sur la « délicieuse toilette d'exhumation » qu'elle porte ce jour-là. Il faut dire que sa présence a quelque chose d'incongru : elle n'a strictement aucun lien de sang avec le cardinal, et fut seulement l'épouse du dernier duc de Richelieu – décédé à Athènes en 1880 –, qui plus est en première noce.

Dans l'un des tomes du *Cabinet secret de l'Histoire*, le docteur Cabanès précise les détails de l'ouverture du coffret à laquelle il fut procédé en juillet 1895. Il écrit : « Du ton d'ivoire jaune foncé qu'elle avait en 1866, et qui venait du vernis dont on l'avait enduite en 1812 pour la préserver des insectes, la tête était passée à un ton brun [...] elle ressemblait à un vieux bronze florentin. » Puis, citant un article du journal *L'Éclair*, il ajoute : « La bouche, petite et grimaçante, était tendue d'un émail éclatant ; la mâchoire inférieure était retenue en place au moyen de fils d'argent. Le système pileux, modifié par la coloration des aromates, paraissait roux ; les paupières étaient encore pourvues de leurs cils ; les sourcils dessinaient l'arcade sourcilière. »

Le ministre des Affaires étrangères, Gabriel Hanotaux, historien et biographe de Richelieu passionné par le personnage, a demandé l'autorisation d'assister à l'ouverture du coffret. Ou plutôt des coffrets : car le premier, en chêne, en enserrait un second, en bois de citronnier qui lui-même en renfermait un troisième en plomb. Il veut avoir le plaisir de tenir entre ses mains le crâne de son idole. Il fait une brillante conférence et commente ce qu'il voit : « La peau desséchée et vernie est grumeleuse, les yeux sont vides, le nez un peu écrasé, presque toutes les dents, barbe, moustaches et cheveux sont présents. » Prenant ensuite l'assistance à témoin, il désigne sur la face de Richelieu la preuve imparable qui confirmera définitivement l'authenticité de la relique : il constate qu'une bonne partie de la barbiche est manquante ! Au prime abord, ce détail prête à sourire. Mais pour écrire sa biographie de Richelieu, Hanotaux a dévoré tous les récits contemporains de la mort du cardinal et il sait que tous font état de la même anecdote : quelques jours avant qu'il ne meure, l'on coupa à Richelieu la pointe de sa barbiche et une partie de la moustache, afin qu'il puisse boire en position allongée sans que le liquide ne s'écoule sur sa barbe.

Quel triomphe pour Hanotaux, quelle apothéose ! On se plaît à l'imaginer faisant défiler tour à tour les sommités présentes afin qu'elles puissent constater par elles-mêmes les irrégularités de la barbe du fondateur de l'Académie française !

Comme le coffret doit être scellé dans du béton, Hanotaux saisit la dernière opportunité qui lui est offerte d'enrichir vite fait bien fait son reliquaire personnel. Il coupe une fine mèche de cheveux destinée à rejoindre... le petit doigt du cardinal qui est déjà en sa possession. Apparemment, l'auriculaire du cardinal une fois délesté de la bague qui avait excité la convoitise d'un pillard n'en avait pas pour autant été abandonné ou perdu. Quelles furent ses pérégrinations ? Il semble qu'il ait été récupéré par un certain M. Petit-Radel qui lui-même en fit don à son abbé de frère, devenu conservateur de la bibliothèque Mazarine en 1814. Tout cela est assez flou ! Ce que tout le monde savait en revanche, ou plutôt « croyait savoir », c'est que le doigt en question avait été enchâssé dans du cristal et scellé sous un buste du cardinal réalisé par Varin.

Mais voilà qu'en 1947 M. Jaray, exécuteur testamentaire d'Hanotaux mort en 1944, vint remettre au rectorat de l'Université de Paris un coffret contenant un masque en plâtre blanc du cardinal « et dans une ancienne boîte à cigares de La Havane qui avait parfumé le masque, se trouvait aussi, dans un bocal, le petit doigt de Richelieu, 2 phalanges momifiées s'achevant sur un ongle assez long. En plus, quelques poils liés ensemble provenant sans doute de la chevelure de Richelieu coupés sans doute par Hanotaux en 1895 »[1]. On se plaît à nouveau à imaginer Hanotaux rédigeant ses dernières volontés concernant le petit doigt ! Puis force est de constater ensuite que le mystère de l'auriculaire s'épaissit de plus belle ! On le croyait dans le cristal, sous un buste de la bibliothèque Mazarine, et voici qu'il réapparaît dans un

1. M. Charles Chasse, agrégé de l'Université. Extrait d'une conférence donnée en février 1963.

bocal ! Jusqu'où cela peut-il mener ? À un second petit doigt ? Au mystérieux escamotage de l'auriculaire détenu par la Mazarine ?

Nous voici condamnés à nous perdre en conjectures sur la localisation et le nombre de doigts du cardinal en circulation. En revanche, le moulage du masque mortuaire de Richelieu et l'aquarelle d'Édouard Detaille, réalisés en 1866 à la demande de Victor Duruy, se trouvent aujourd'hui dans une vitrine de la Salle des Actes de la Sorbonne, un lieu accessible au public. La ressemblance entre ce masque et les portraits de Richelieu reproduits dans tous les livres d'histoire est vraiment stupéfiante. Et si l'on prend le temps de mener un examen approfondi on constate que la moustache semble bien comme affaissée ou absente sur une partie de la lèvre !

En 2005, l'écrivain Nicole Decours a jeté un pavé dans la mare tranquille des *aficionados* de Richelieu. Elle affirme posséder un manuscrit d'un certain Claude de Bayser, employé du ministère de la Culture pendant l'Occupation qui aurait été chargé par Goebbels d'exhumer la tête du cardinal. Le ministre de la Propagande nazi aurait souhaité commémorer le souvenir de Richelieu « façon collège de Saint-Brieuc », c'est-à-dire en présence du crâne. En résumé : Bayser ouvre le caveau à la demande de Goebels ; surprise, il est vide ! Il retrouve finalement la tête emmurée dans un pilier et l'y remet ! Fin de l'histoire ! Beaucoup de bruit pour rien, serait-on tenté de dire. L'historienne Françoise Hildesheimer, conservateur en chef aux Archives nationales, auteur en 2004 d'une biographie du cardinal faisant autorité, n'est pas non plus convaincue par ce scénario fantastique. Pour sa part, elle estime qu'il n'y a plus aucun mystère depuis 1895 : la tête a été comme prévu coulée dans un bloc de béton où elle se trouve encore ! La chapelle de la Sorbonne étant en cours de rénovation, cryptes et sépultures vont être fouillées : peut-être ces travaux permettront-ils de départager la romancière et l'historienne ?

Lorsque le tombeau de Richelieu a retrouvé sa place dans le chœur de la chapelle le 4 décembre 1971, quelques reliques, dont le petit doigt dans sa boîte à tabac, sont venues rejoindre la tête dans le cénotaphe. En fait, il s'agissait là d'un acte symbolique destiné à rassembler l'université derrière son fondateur après les événements de mai 68. Mais, depuis 1971, il ne s'est plus passé grand-chose dans la chapelle désaffectée : quelques concerts, quelques expositions. Aucune messe n'y a plus été célébrée depuis le 4 décembre 1906, jour anniversaire de la mort du cardinal. À défaut de prières marmonnées à son intention, Richelieu dispose toujours, suspendu au-dessus de son tombeau, d'un chapeau de cardinal supposé aider son âme à monter au ciel. Celle-ci devrait en toute logique en avoir pris le chemin depuis si longtemps qu'il est à espérer que ce chapeau ne joue plus ici qu'un rôle décoratif ! La plupart des guides touristiques persistent à affirmer qu'il s'agit de l'authentique chapeau de cardinal, remis à Richelieu le 5 septembre 1622, en récompense de la signature des traités d'Angoulême (1620) et d'Angers (1621). C'est malheureusement inexact. Le couvre-chef pourpre que l'on voit pendre du plafond appartenait à Paul VI qui en fit don à la Sorbonne. Plus de corps, plus de messes, plus de prières, un chapeau qui n'est pas le sien... Triste ambiance en somme ! Au moins, Richelieu n'est-il pas seul au monde en ces murs, il y est entouré de quelques membres de sa famille au nombre desquels le dernier de ses descendants directs : « Marie Odet Jean-Armand Chapelle de Jumilhac, duc de Richelieu et de Fronsac, marquis de Jumilhac. 1875-1952. Dernier duc de Richelieu, bienfaiteur de l'Université de Paris. »

Le dernier descendant indirect de Richelieu est quant à lui mort il y a quelques années à peine. Il a demandé par testament à ce que ses cheveux soient coupés après sa mort, au cas où l'on voudrait un jour procéder à des expertises entre son ADN et celui des quelques poils et cheveux du cardinal épargnés par les médecins, les sans-culottes et Hanotaux. Exiger une coupe de cheveux à titre posthume, quand il aurait suffi d'en faire prélever quelques-uns « sur le vif » par son coiffeur, voilà qui pourrait sembler étrange mais qui est finalement assez conforme à l'attitude des différents protagonistes de cette affaire : l'un prend des dispositions pour sa momification, l'autre pour le petit doigt de son héros et le dernier pour sa chevelure.

Un étudiant en médecine, probablement en mal de sujet de thèse, s'est déjà manifesté pour mener les expertises à bien. L'autorité compétente pour lui en donner le feu vert est le maire de Paris. Si d'aventure Bertrand Delanoë venait à s'opposer à leur réalisation, la tête de Richelieu n'aurait plus qu'à espérer un changement de majorité aux municipales de 2008 pour enfin savoir qui elle est !

INVENTAIRE DU SQUELETTE DE RICHELIEU

Manque :
– L'ensemble du squelette

Restent :
– Crâne embaumé comportant quelques cheveux et une moitié de moustache. (Sorbonne)

– L'occiput doit être détenu par un collectionneur inconnu.

Dans l'inventaire testamentaire de l'éditeur « Dentu », un document signalait que cette partie postérieure du crâne de Richelieu lui avait été donnée par Armez.

– Petit doigt dans une boîte à cigares, placé dans le tombeau le 4 décembre 1971.

Le crâne de Charlotte Corday

L'assassinat de Marat par Charlotte Corday le 13 juillet 1793 est l'un des plus fameux épisodes de l'Histoire de France. En revanche, le destin post mortem des deux principaux protagonistes de ce drame est lui beaucoup moins connu.

Directeur de la Convention, Jean-Paul Marat était le créateur de *L'Ami du peuple*, un journal fondé en 1789, dont la violence lui avait valu la prison dès les premières parutions. Il réclamait dans ses pages la création d'un tribunal spécial pour punir les suspects. C'est ce que lui-même appelait « la chasse aux bêtes puantes et féroces ». Jouissant d'une grande influence sur le peuple dont il savait flatter les plus mauvais instincts, il allait prendre par sa prose une responsabilité directe dans les sanglants massacres de septembre 1792. C'est précisément parce qu'elle le considérait comme responsable de la Terreur que Marie-Anne Charlotte de Corday d'Armont (1768-

1793), jeune femme idéaliste et exaltée, prit la décision de quitter Caen pour venir délivrer le monde de celui qu'elle voyait comme un tyran : « Je n'ai pas cru tuer un homme mais une bête féroce qui dévorait tous les Français », expliquera-t-elle lors de son procès.

Marat habitait le Quartier latin, il louait le premier étage de l'hôtel de Cahors, 30 rue des Cordeliers. Cette demeure, détruite en 1876 lors du percement du boulevard Saint-Germain, se trouverait aujourd'hui 22 rue de l'École de médecine, carrefour de l'Odéon. À quelques dizaines de mètres de là, dans le passage de Rohan, derrière le café Procope, se trouvait l'imprimerie de *L'Ami du peuple*.

Comme chacun sait, le tribun était affligé d'une affreuse maladie de peau, forme de lèpre ou d'eczéma carabiné qui le dévorait constamment. Seuls de longs bains chauds, auxquels étaient adjoints du soufre et l'ingestion d'eau d'amandes mêlée de kaolin broyé, soulageaient provisoirement les insoutenables démangeaisons qu'il endurait. C'est d'ailleurs à se demander qui de Descartes (eau-de-vie et tabac), Richelieu (crottin de cheval et vin blanc) ou Marat (terre glaise et eau d'amandes) absorba avant de mourir le breuvage le plus infect !

Pour soulager les terribles maux de tête dont il souffrait également, Marat se coiffait de compresses en madras imprégnées de vinaigre. Toutes ces séances de macération lui communiquaient une odeur si épouvantable que les députés de la Montagne à l'Assemblée hésitaient toujours à s'asseoir près de lui.

C'est donc dans la baignoire où il passait le plus clair de son temps que Charlotte Corday vint le poignarder en plein cœur le 13 juillet 1793. Le musée Carnavalet posséderait d'ailleurs dans ses réserves l'authentique poignée de porte du « cabinet de bains » où se déroula la tragédie !

Le 17 juillet, soit quatre jours à peine après son crime, Charlotte, qui aurait eu vingt-cinq ans quelques jours plus tard, montait à l'échafaud.

À l'époque, Marat était une véritable idole. La foule consternée, rendue enragée par sa disparition, attendait donc avec avidité l'exécution de « l'Ange de l'assassinat », selon l'expression de Lamartine.

Avant de quitter la prison de l'Abbaye pour la place de la Révolution (place de la Concorde), Charlotte Corday offre une longue mèche de ses cheveux au peintre Hauër dont elle a obtenu qu'il vienne achever auprès d'elle le portrait qu'il a entrepris pendant les débats du tribunal. Exposé au musée Lambinet à Versailles, ce pastel est particulièrement émouvant, car les innombrables représentations de Charlotte et l'infinité de témoignages que l'affaire a suscités sont tellement contradictoires qu'ils ne permettent pas de savoir de façon catégorique si Charlotte Corday était laide ou jolie, blonde ou brune. Au moins a-t-on la certitude que le portrait réalisé par Hauër fut réellement pris sur le vif. Charlotte y apparaît comme une fort jolie blonde !

Lorsque Sanson le bourreau, qui préfère d'ailleurs que l'on dise le « vengeur du peuple », vient couper le reste de sa chevelure, la jeune femme offre une mèche au gardien de la prison, en remerciement des attentions qu'il lui a prodiguées.

La condamnée revêt alors la chemise rouge des parricides, signe de honte et d'infamie, car enfin, n'a-t-elle pas mis fin aux jours du bien-aimé « Père de la Nation » ?

Les mains garrottées, elle prend place dans la lourde charrette à ridelles qui va l'emmener jusqu'à l'échafaud. Le trajet dure trois quarts d'heure, car il faut se frayer un passage à travers les rues noires de monde. Des bonnets rouges la suivent en criant, aux fenêtres, les gens hurlent et applaudissent. Charlotte Corday a refusé de s'asseoir, elle subit les huées, les railleries, les injures, le tout sous une pluie battante dont les témoins masculins ne manqueront pas de signaler par la suite qu'elle avait si bien imprégné la chemise rouge de la condamnée que l'on distinguait parfaitement ses formes avantageuses.

Les différents mémorialistes et journaux du temps relatent qu'elle accepta son sort avec résignation et sang-froid et qu'elle monta bravement à l'échafaud, allant même jusqu'à demander au bourreau quelques secondes supplémentaires pour pouvoir observer de plus près la guillotine, puisque jamais encore elle n'en avait vu. Une attitude plus proche de celle d'une Mme Roland, autre grande figure de la Révolution, qui dans les mêmes circonstances s'exclama avec dignité : « Liberté, que de crimes on commet en ton nom ! », que de celle d'une

Mme du Barry flageolante, quémandant à Sanson « Grâce, monsieur le bourreau, encore une minute ! »

La loi prévoyait que la décapitation des condamnés fût suivie de l'exhibition de leurs têtes. C'était devenu une sorte de coutume sinistre à laquelle les spectateurs s'étaient habitués. La vue des têtes sanguinolentes finissait même par blaser, si l'on en juge par l'attitude des fameuses « tricoteuses », connues pour assister aux procès expéditifs menés par le Tribunal révolutionnaire ainsi qu'aux exécutions capitales tout en poursuivant impassiblement leur ouvrage. Avant de monter lui-même à l'échafaud, Danton qui venait de voir tous ses amis mourir sous ses yeux, n'eut-il pas la hardiesse de dire à Sanson : « Montre ma tête au peuple, elle en vaut la peine ! » Ce que fit le bourreau, de même que pour les têtes de Louis XVI, de Marie-Antoinette et de cent, de mille autres malheureuses victimes. Pour Charlotte Corday, les choses ne se déroulèrent pas comme à l'habitude. Un dénommé Legros, « maratiste » convaincu, responsable non pas des exécutions mais de l'assemblage des bois de l'échafaud, ramassa la tête de la jeune femme dans le panier et la souffleta à deux ou trois reprises ce qui souleva l'indignation des spectateurs. Car enfin, s'il était admis que l'on exhibât la tête des condamnés, nul n'était besoin de leur infliger d'outrage supplémentaire après leur mort. Cet épisode est l'un des rebondissements les plus étonnants de l'affaire « Corday Marat ». Il faut imaginer la foule vociférant, insultant constamment la criminelle jusqu'au moment où se fait entendre le bruit sec du couperet. Lorsque Legros fait le geste de trop, le geste sacrilège, dont il croit sans doute qu'il lui vaudra les acclamations de la foule, le tapage fait instantanément place au silence, à la stupeur ; car même aux yeux de ses accusateurs les plus vindicatifs, la justice étant passée, la criminelle ayant reçu son juste châtiment, elle était aussitôt redevenue respectable ! La veille de sa mort, Charlotte elle-même citait à son père ce vers de Corneille : « Le crime fait la honte et non pas l'échafaud[1]. » Legros est conspué par la foule. L'événement est immédiatement relaté dans la presse : « L'exécuteur ou son valet, après avoir montré au peuple la tête de Charlotte Corday, eut l'infamie de lui donner deux ou trois soufflets. Il n'y eut qu'un cri d'horreur contre celui qui se permettait une atrocité pareille[2]. »

L'opinion publique est stupéfaite à l'annonce de cet acte lâche et honteux dont elle estime qu'il déshonore la République. Pendant ce temps, les témoins oculaires n'en finissent plus de discuter du nombre de gifles reçues : une, deux, trois ou simplement « plusieurs » ? Des médecins discourent à n'en plus finir pour déterminer si oui ou non, comme le prétendent certains témoins, les joues de Charlotte Corday ont rougi après l'administration de cette correction post mortem. Une tête décapitée a-t-elle encore des sensations ? Et si c'est le cas, Charlotte a-t-elle rougi de honte ou d'indignation se demande-t-on encore ?

---

1. *Le Comte d'Essex*, Thomas Corneille (frère de Pierre).
2. « Révolution de Paris », 13-19 juillet 1793, cité dans *L'Affaire Corday-Marat*, Jean Épois.

« Il y a indubitablement encore dans le cerveau un reste de jugement et dans les nerfs un reste de sensibilité », affirme le physiologiste Sue dans *Le Magasin encyclopédique*.

Michelet, qui a pourtant souvent tendance à forcer le trait, se montre plus réaliste et suggère dans son propre récit que cette impression de rougeur résultait plus vraisemblablement des rayons de soleil venus percer les nuages après l'orage, ou bien alors que Legros, peu accoutumé aux fonctions de bourreau, avait les doigts maculés du sang de Charlotte et en imprima la marque sur ses joues.

Avec le recul du temps, les litres d'encre et de salive consacrés à certains points d'histoire peuvent à juste titre paraître dérisoires ; mais, sur le moment, cet incident fit grand bruit : Legros arrêté, jugé, fut condamné à huit jours de prison et à six heures d'exposition place de la Révolution. Cela étant, les divers biographes de Charlotte Corday n'ont pas été en mesure de retrouver une trace quelconque de l'exécution de cette sentence...

La dépouille de Charlotte est transportée à l'hôpital de la Charité pour y être examinée par des médecins. Le peintre David qui est aussi membre de la Convention a tenu à être présent, accompagné de quelques-uns de ses élèves et d'un chirurgien. En fait, l'autopsie était destinée à établir si oui ou non la jeune femme était encore vierge, l'accusateur public lui ayant reproché toutes sortes de turpitudes et attribué de nombreux amants, au nombre desquels M. de Belzunce, le girondin Barbaroux, Boisjugan du Maingré, gentilhomme fusillé en 1792 comme émigré, ou encore Bougon-Langrois, magistrat du Calvados. Charlotte Corday n'aurait-elle pas assassiné Marat parce qu'elle le tenait pour responsable de la mort de l'un ou l'autre de ses amants ? Si la chose venait à être confirmée, alors le meurtre n'aurait pas été un acte politique mais bien un vulgaire crime passionnel.

Quoique le procès verbal ait disparu, toutes les personnes présentes pendant l'autopsie ont déclaré par la suite que la virginité de Charlotte avait été établie avec certitude. Elle n'avait pas d'amant, elle avait agi par idéal.

À présent, le corps en deux morceaux – mais la tête fait-elle seulement partie du voyage ? – peut être transporté vers le petit cimetière de la Madeleine, rue d'Anjou-Saint-Honoré, derrière la place de la Révolution.

La fosse dans laquelle Charlotte Corday est inhumée jouxte celle où a été enterrée six mois auparavant la dépouille de Louis XVI. Bientôt, d'autres grandes figures de la Révolution les rejoindront ici : la reine Marie-Antoinette, Philippe Égalité, Jeanne Bécu dite Mme Du Barry, maîtresse de Louis XV, Camille et Lucile Desmoulins que leur grand ami et témoin de mariage Robespierre expédiera à la guillotine, le poète Fabre d'Églantine, la brillante et indomptable Mme Roland, Saint-Just, les deux frères Robespierre et bien d'autres encore : la mort les place tous sur un pied d'égalité !

Par la suite, lorsque ce cimetière sera désaffecté, ses occupants éliront domicile dans celui des Errancis, du côté de Villiers, puis seront finalement acheminés vers les catacombes, au moment de la grande évacuation des cimetières d'églises opérée entre 1786 et 1814. Le squelette décapité de Charlotte Corday se trouve certainement là, entassé quelque part avec les six millions d'autres carcasses. Reste la question de la tête !

Elle va surgir comme par enchantement au cours de l'Exposition universelle de 1889, dont le clou est la tour Eiffel élevée en l'honneur du centenaire de la Révolution. Le journaliste et écrivain Théodore Gosselin-Lenotre (il signe sous le nom de G. Lenotre) se trouve dans le pavillon des Arts libéraux, section anthropologie, lorsqu'il tombe en arrêt devant une singulière vitrine. Elle présente les ossements mis au jour pendant le creusement des fondations de la tour. Lenotre s'interroge : s'agit-il de « restes des huguenots tués à la Saint-Barthélemy et dont les corps, charriés par la Seine, auront été inhumés à cet endroit, ou des fédérés victimes du massacre du Champ de mars en 1791 ? On l'ignore. À côté de ces ossements étaient rangés quelques crânes, et sur l'un d'eux une petite étiquette donnait cette identification : crâne de Charlotte Corday. Appartient à Monsieur le Prince Roland Bonaparte [1] ».

Le crâne de Charlotte Corday aux mains d'un prince d'Empire ?

En fait, le prince en question était un passionné de « craniologie ». Au reste, qui ne l'était pas à l'épo-

1. *Paris révolutionnaire.*

que ? Tout Paris faisait palper sa boîte crânienne ou s'adonnait à la chasse aux crânes célèbres, puis faisait tâter les bosses de son butin par les champions des sciences nouvelles : les Cuvier, Gall, Broca, Combe et autres anthropologues, craniologistes, craniomorphistes, physiognosticiens ou même encore physiognomonistes !

Le prince Roland avait montré le crâne de Charlotte à cinq de ces éminents spécialistes. Tout comme ceux de Descartes et de Richelieu, il fut dûment examiné, sondé, mesuré. Résultat : deux des experts déclarèrent qu'il ne pouvait en aucun cas s'agir de celui d'un criminel, les trois autres affirmèrent exactement le contraire ! C'était à ne plus savoir où donner de la tête.

Le prince Roland ne faisait pas mystère des conditions dans lesquelles il était devenu propriétaire de la relique : elle lui avait été offerte par un certain Georges Duruy. Lui-même l'avait un jour aperçue fortuitement par l'embrasure d'une porte de placard chez sa parente Mme Rousselin de Saint Albin. Comme il l'interrogeait sur sa provenance, elle répondit qu'il s'agissait du crâne de Charlotte Corday, qu'il appartenait de longue date à sa belle-famille et qu'elle disposait de documents confirmant son authenticité.

Son défunt mari l'aurait acheté chez un antiquaire du quai des Grands-Augustins, lui-même l'ayant préalablement acquis dans une vente aux enchères. Est-il possible qu'il se soit agi de la vente des biens du célèbre collectionneur Dominique

Vivant Denon, directeur du musée du Louvre qui habitait non loin de là, quai Voltaire ?

Vivant Denon possédait effectivement toutes sortes de reliques et d'œuvres d'art qui furent dispersées au cours de deux ventes publiques un an après sa mort, survenue en avril 1825. Mais le catalogue de la vente de ses collections ne mentionne pas le crâne de Charlotte. D'autre part, le bourreau Sanson dont les mémoires sont pourtant émaillés des détails les plus macabres n'y fait état ni du don ni encore moins de la vente du crâne de Charlotte Corday.

D'après les différents experts qui l'étudièrent, une chose en tous cas était sûre : jamais ce crâne n'avait séjourné sous terre ni été exposé à l'air libre ! Ces constatations vont permettre à Lenotre, passionné par cette affaire, d'échafauder trois hypothèses : le crâne avait pu être acheté au bourreau qui n'en dit rien dans ses mémoires parce que la chose était inavouable ; un membre de la famille, ou tout autre personne, avait pu le récupérer au cimetière le jour même de l'inhumation ; enfin, il était également possible que l'un des médecins de la Charité l'ait conservé et préparé comme pièce anatomique pour sa propre collection.

Dans un premier temps, Lenotre ne sait quelle option retenir mais il croit fermement à l'authenticité de la relique. Puis, à la faveur de son enquête, il fait une extraordinaire découverte qui achève d'emporter sa conviction : ce n'est pas le crâne, mais bien la tête tout entière de Charlotte Corday qui fut conservée après l'examen effectué par les médecins : « Certain soir sous le règne de Louis Philippe, Saint Albin avait réuni à sa table sous prétexte d'une surprise sensationnelle quelques amis curieux de l'histoire de la Révolution. Au dessert, il fit apporter un bocal, recouvert d'un fourreau de toile [...] le bocal contenait la tête de Charlotte Corday ! Non pas le crâne, entendez bien ; mais la tête, conservée dans l'alcool, avec ses yeux mi-clos, ses chairs, ses cheveux... Elle était dans cet état depuis 1793 ; mais Saint Albin étant décidé à la faire préparer [...] voulait avant cette opération offrir à ses amis le spectacle de cette émouvante relique[1]. »

Quiconque a déjà vu ne serait-ce que de simples organes – cerveaux, cœurs ou vésicules –, conservés dans du formol, devine que « l'émouvante relique » en question devait glacer les sangs au moins autant qu'elle attendrissait !

Enquêtant plus avant, Lenotre découvre que le père de Roussin Corbeau de Saint Albin (dont la veuve prétendait qu'il avait acheté le crâne chez un antiquaire) avait été le secrétaire et ami de Danton. Or, à l'époque de l'exécution de Charlotte Corday, Danton présidait la Convention. Il était donc en son pouvoir d'exiger le crâne pour lui-même ou pour en faire « cadeau » à Saint Albin.

Pour pouvoir statuer dans l'affaire Legros, le Tribunal révolutionnaire aurait-il exigé de Sanson qu'il conservât la tête comme pièce à conviction ?

1. Lenotre, cité par le docteur Cabanès dans *Le Cabinet secret de l'histoire*.

Par la suite, Sanson aurait bel et bien donné ou vendu cette tête, forfait dont il se garda bien de faire état dans ses mémoires. La chose se pratiqua couramment pendant la Terreur : de nombreux corps furent alors vendus « à la découpe », notamment aux proches des condamnés qui souhaitaient récupérer les « membres » de leur famille ! Michelet a bien raconté, sans l'ombre d'une preuve à l'appui, comment Danton fit exhumer sa femme morte pendant qu'il était en Belgique pour pouvoir la revoir une dernière fois. La preuve existait pourtant : le catalogue du Salon de 1793 mentionne la présentation d'un « buste de la citoyenne Danton exhumée huit jours après sa mort. Moulé sur le cadavre par le citoyen Desein, sourd muet[1] ».

En définitive, bien des éléments plaident pour l'authenticité de la tête de Charlotte : les relations entre son propriétaire et Danton qui avait à ce moment-là autorité sur le bourreau, l'engouement généralisé de l'époque pour les reliques, l'émergence de sciences nouvelles nécessitant un approvisionnement régulier en crânes, ceux des génies et des criminels étant alors les plus prisés !

Le crâne de Charlotte Corday a été présenté pour la dernière fois au public en 1966, au musée Goya de Castres, dans le cadre de l'exposition « Marat, la Médecine et la Révolution ».

Prêté par le prince André Radzivill, fils d'Eugénie de Grèce, petite-fille du prince Roland, le crâne

1. Lenotre, *Paris révolutionnaire*.

de Charlotte figurait sous le n° 99 dans le catalogue de l'exposition, référence prise en tenailles entre un n° 98 correspondant au « Compte rendu de l'embaumement de Marat » et un n° 100 attribué au « Dessin par Pillement du tombeau de Marat ».

Le crâne de la jeune femme proprement dit était quant à lui accompagné du cartel suivant : « Crâne de Charlotte Corday. Le bourreau Sanson aurait donné ce crâne à Danton qui l'aurait offert à son ami Rousselin Corbeau de Saint Albin qui eut pour fille Mme Achille Rubinal, mère de M. Georges Duruy. Ce dernier en fit cadeau à S.A. Mgr le Prince Roland Bonaparte. »

Lenotre avait vu juste, ou presque : tout au plus restait-il dans ses assertions un certain flou autour de la personnalité de Duruy. Ce dernier aurait parlé au prince Roland Bonaparte d'une vague « parente dont le défunt mari... ». En fait Mme Jubinal tenait tout simplement ce crâne de son grand-père, secrétaire de Danton.

Dans l'exposition de 1966, le crâne de Charlotte Corday voisine avec le masque mortuaire de Marat ! Quelle idée déplaisante, voire choquante ! Tous ceux qui savent voir dans les reliques non pas de simples objets inanimés mais un reste de présence réelle du défunt comprendront aisément ce qu'il y avait d'inconvenant, pis, de cruel, à faire ainsi cohabiter dans une même vitrine un criminel et sa victime, même si dans cette affaire, le culte de la victime s'est étrangement reporté sur son assassin : c'est Charlotte qui a tué, mais c'est elle que l'on plaint !

Les réunir dans une vitrine était tout aussi indélicat que d'avoir associé, ailleurs et en d'autres temps, le crâne de Descartes et ceux de Sade, Lacenaire et Cartouche ! À ceci près : il y a une étrange coïncidence dans le fait que ce soit précisément le musée Goya qui ait exposé pour la dernière fois la relique de Charlotte Corday. Car le crâne du célèbre peintre aragonais fut lui-même dérobé dans des circonstances insolites. Le corps de Goya fut déterré à Bordeaux par Mariano Cubi Y Soler, un jeune Catalan lecteur inconditionnel de *L'Abrégé de phrénologie* de Combe. Décidément voici une science qui en a décapité plus d'un au royaume des morts !

Charlotte Corday, Goya, Sade, Richelieu et Descartes seraient-ils finalement tous unis dans une sorte de « confraternité crânienne » que les contingences et les oppositions du passé laisseraient totalement froide ?

Le prince Radzivill est décédé en 1976, sa mère Eugénie de Grèce est morte en 1989 ; le crâne de Charlotte Corday trône donc vraisemblablement maintenant sur le buffet ou le poste de télévision de l'un de leurs descendants. Interrogé à ce sujet, le prince Charles Napoléon nous a confirmé qu'il connaissait cette histoire et que le crâne de Charlotte se trouvait, à sa connaissance, chez l'une de ses cousines... psychanalyste.

En attendant qu'il soit présenté à nouveau au public, il est possible d'aller se recueillir sur un autre témoin capital du drame : la baignoire ! Dans les années qui suivirent le meurtre, elle fut un temps entreposée dans un vieux hangar, à Sarzeau, petit village du Morbihan. Le curé l'avait reçue en héritage d'une vieille demoiselle royaliste et catholique, Mlle Capriol de Saint Hilaire, morte à soixante-dix-huit ans en 1862. Le père de cette dame l'avait lui-même achetée en 1805 à un marchand de ferraille de la rue d'Argenteuil.

Lorsqu'il mit l'objet en vente, le brave curé de Sarzeau pensait probablement faire la fortune de sa paroisse. Mais, contre toute attente, les acheteurs ne se bousculèrent pas au portillon, de sorte que le bon père accepta finalement la seule offre intéressante qui lui était faite : celle du musée Grévin. C'est donc dans une salle du célébrissime musée de cire du boulevard Montmartre que se trouve depuis cent vingt-deux ans le sanglant trophée agrémenté des statues de cire de Marat et Charlotte Corday. Les détails de la transaction figurent dans *Le Figaro* du 15 juillet 1885 : Grévin déboursa trois mille francs de l'époque pour la baignoire (dix mille euros environ) ce qui était cher payé pour un article de salle de bain aussi désuet, mais restait finalement bon marché pour la pièce à conviction la plus célèbre au monde !

INVENTAIRE DU SQUELETTE
DE CHARLOTTE CORDAY

Restent :

– Squelette : probablement aux catacombes.
– Cheveux : 1. la mèche donnée à Hauër et transmise à ses descendants a disparu au cours d'un déménagement. 2. la mèche donnée au gardien de la Conciergerie existe-t-elle encore ?
– Crâne : descendance du prince Radzivill.

Cadoudal, la forte tête

Si l'auguste tête de Richelieu n'avait rien à faire en Bretagne, le squelette du chouan Cadoudal, lui, aurait dû s'y trouver plutôt que d'être retenu à Paris, et dans quelles conditions !

Originaire de Kerléano-en-Brech près d'Auray dans le Morbihan, Georges Cadoudal (1769-1804) est le fils de riches laboureurs. Élève au Collège de Vannes, il se montre tout d'abord favorable aux idées nouvelles portées par la Révolution, puis s'y oppose bientôt, frappé par la persécution religieuse dont fait l'objet sa région natale qui devient, dès mars 1793, l'un des foyers de la chouannerie morbihannaise. Cadoudal n'en sera pas tout de suite le meneur. Mais, pendant plusieurs années, il participe à diverses émeutes, embuscades et escarmouches. Il voyage à Londres, est fait prisonnier à Brest, s'évade de prison, et finit par s'imposer au commandement du Morbihan. Lors du déclenchement de la troisième chouannerie en octobre 1799, Cadoudal supervise les opérations dans toute la Bretagne. Il porte alors le titre qui bien des années plus tard figurera sur son mausolée : « Lieutenant-général commandant en chef des Armées catholiques et royales dans le Morbihan, Finistère, Ille et Vilaine et Côtes du Nord. » Un titre aussi glorieux que redondant pour un homme dont le nom signifie déjà en breton « guerrier retournant au combat » !

Lorsque Bonaparte devenu Premier Consul le reçoit à Paris à la faveur d'une trêve, il lui propose le grade de général de division assorti d'une rente. Cadoudal refuse, sort furieux de cette entrevue, avouant « qu'il avait eu envie d'étouffer ce petit homme entre ses deux bras » et prend la tête d'une conspiration visant à rétablir les Bourbons sur le trône de France. Soupçonné de vouloir assassiner Bonaparte, le chef chouan est recherché, son signalement est diffusé dans tout Paris : « Extrêmement puissant, très ventru, beau teint frais, blanc et coloré, yeux gris, cheveux châtain clair[1]. » Bientôt débusqué, Cadoudal est arrêté en plein Paris après une course-poursuite éperdue entre la montagne Sainte-Geneviève et le carrefour de Buci. Son arrestation est suivie d'un vaste coup de filet dans les milieux anti-bonapartistes. Au cours de son procès, il lui sera reproché par le préfet de Police d'avoir tiré sur un policier père de famille nommé Buffet. Cadoudal

1. *Dictionnaire Napoléon*, Fayard, 1999.

aura cette fameuse réplique : « Vous n'aviez qu'à me faire arrêter par des célibataires ! »

Dans les régions héritières de la chouannerie, Cadoudal est considéré comme un véritable héros, mais il faut bien admettre qu'il tient dans l'histoire de France une place mineure par rapport à celles occupées par Descartes, Richelieu ou Charlotte Corday. Si malgré cela, son nom apparaît à leur suite, c'est qu'il eut un destin post mortem absolument unique en son genre !

Le procès des chouans commence le 25 mai 1804. Tandis que les nobles sont graciés, que le général Moreau est condamné à deux ans de prison, Cadoudal et onze de ses complices sont condamnés à mort. Le conseiller d'État Réal tente de fléchir le meneur chouan et de lui faire signer une demande de recours en grâce, mais le condamné lui aurait répondu : « Me promettez-vous plus belle occasion de mourir ? »

L'exécution a lieu place de Grève, le 25 juin 1804. Contrairement à la tradition qui voulait que le chef d'une bande soit toujours exécuté en dernier, Cadoudal demande à être guillotiné en premier, afin que ses compagnons ne pensent pas une seconde qu'il puisse bénéficier d'une grâce de dernière minute qui, n'épargnant que lui, le déshonorerait.

Les onze complices de Cadoudal sont donc décapités après lui. Comme il se trouve toujours des spectateurs pour se poser les questions essentielles dans les moments cruciaux, de même que certains s'étaient demandé si la tête de Charlotte Corday avait rougi de honte ou d'indignation, il se trouva quelqu'un ce jour-là pour regarder sa montre et constater que cette série d'exécutions avait demandé vingt-sept minutes.

C'est là que l'histoire prend un tour tout à fait extraordinaire. D'après l'officier public qui donna acte de leur inhumation, Cadoudal et ses compagnons d'infortune ont tous été, sans exception, enterrés au cimetière Sainte-Catherine, du côté des Gobelins. À l'Empereur qui l'interrogera à ce sujet quatre ans plus tard, Fouché jurera ses grands dieux que le corps de Cadoudal était effectivement du nombre.

Mais en réalité, il y a de très fortes présomptions pour que la dépouille du chef breton n'ait pas pris la même direction que celles des autres victimes. Son cadavre n'est pas mis en terre mais acheminé vers un amphithéâtre où il va être « préparé ». Une fois les chairs séparées des os, le squelette de Cadoudal est intégralement reconstitué ou plutôt remonté sur du fil de fer pour servir à l'instruction des étudiants en médecine. Voilà comment, une fois encore, une relique devient un outil pédagogique : après le crâne de Descartes illustrant une exposition sur l'évolution de l'espèce, la tête de Richelieu présidant les distributions des prix, voici maintenant le squelette d'un héros offert en pâture à de jeunes carabins censés assimiler à son contact les bases de l'anatomie. Georges Cadoudal est désormais réduit à l'état d'« Anatole », surnom donné par les étudiants aux squelettes humains agrémentant les amphithéâtres de médecine.

Qui procéda à la préparation puis au « montage » des ossements ? Fut-ce un médecin quelconque ? Fut-ce au contraire le grand Larrey, médecin de la Grande Armée, dont certaines versions des faits prétendent qu'il conserva le squelette pendant des années dans son propre bureau ?

On ne le saura jamais. Certes, c'est bien Larrey qui, en 1814, restitue le squelette aux amis de Cadoudal. Mais il se présente comme le simple dépositaire de la relique et non comme l'auteur de l'outrageante opération qui a fait du héros breton un objet de collection pour cabinet de curiosités. Il est vrai que Larrey restitue la relique aux toutes premières heures de la Restauration. Lui-même est une grande figure de l'Empire. Il ne saurait être question pour lui d'assumer le rôle d'écorcheur de Cadoudal, il en va de son avenir au sein du nouveau régime. C'est peut-être pour cette raison qu'il présente les faits en ces termes dans le certificat qu'il remet avec le squelette :

« Je soussigné, Inspecteur général du Service de santé, 1er chirurgien de la ci-devant garde impériale, commandeur de la Légion d'honneur [...] déclare être possesseur du squelette (monté en fil de fer) ayant appartenu à Georges Cadoudal lieutenant général des armées du roi, cordon rouge. En attestant l'identité du squelette de Georges par la déclaration sincère que la personne qui l'a préparé en a faite et les caractères distinctifs de ce squelette auxquels les connaisseurs peuvent facilement trouver l'homme vivant, je certifie l'avoir remis à MM. Joseph Cadoudal, frère de Georges, Desol de Grisols et Charles d'Hozier, ses amis, lesquels me l'ont

demandé avec insistance. Fait à Paris le 21 juin 1814. Baron Larrey. »

Larrey remet donc les ossements aux amis de Cadoudal qui, à la faveur du retour au pouvoir de Louis XVIII, souhaitent organiser une messe solennelle à la mémoire de leur ami mort dix ans auparavant. Les trois récipiendaires du squelette auraient eux-mêmes appris par un préparateur de l'Hôtel Dieu que le corps de Cadoudal avait été apporté chez Larrey.

Alors Larrey aurait-il menti ? Si lui-même n'a pas participé à la préparation du corps, comment en est-il par la suite devenu propriétaire ? Même s'il n'a pas pris part au charcutage de Cadoudal, il a bien fallu qu'il intervienne assez tôt dans l'histoire de la relique pour qu'un « préparateur » de l'Hôtel Dieu ait su qu'on pouvait la trouver chez lui ? En fait, on ne saura probablement jamais dans quel esprit retors ou revanchard germa cette incroyable idée de recycler d'une si horrible manière le redoutable adversaire de Bonaparte.

Les compagnons de Cadoudal remettent le squelette à présent remisé dans un coffre en chêne à l'abbé Leriche, curé de l'église Saint-Paul Saint-Louis dans le Marais, à Paris. L'abbé est plutôt embarrassé par cet étonnant dépôt. Il interroge à son sujet le comte Breugnot, directeur général de la Police : que faut-il faire de ce squelette humain « qui a été déposé sur sa table, dans son domicile, par un inconnu qui lui a dit qu'il s'agissait de la charpente osseuse du général Georges et lui a demandé de déposer cette dépouille dans un lieu moins exposé à une utilisation profane qu'un cabinet d'anatomie »[1] ?

Le comte Breugnot, s'en tenant à l'acte légalement établi sur l'inhumation de Cadoudal à Sainte-Catherine, conseille à l'abbé de porter tout simplement ces restes en terre comme ceux de n'importe quel autre bon chrétien. L'abbé procède donc à l'inhumation, mais inscrit dans le registre des décès de sa paroisse « un squelette humain présumé être celui du général Georges ».

Si le squelette restitué par Larrey n'est pas celui de Cadoudal, ce dernier n'a pas quitté le cimetière Sainte-Catherine depuis le 25 juin 1804. S'il s'agit bien de celui de Cadoudal, il a déjà circulé de la place de Grève à l'amphithéâtre de l'Hôtel Dieu, chez Larrey, puis dans l'église du Marais où il reçoit sa première sépulture décente. Mais son périple ne va pas s'arrêter là, car la Bretagne réclame bientôt l'honneur de recevoir la dépouille et de l'inhumer à Kerléano, près de la maison natale du chef chouan. En 1824, une souscription est lancée afin d'élever un édifice circulaire de style néo-classique au milieu d'un parc de deux hectares. Le roi Charles X et des membres de la famille royale contribueront également à son financement.

Alors que les députés du Morbihan en font la demande auprès du ministre de l'Intérieur dès 1825, le coffre de chêne contenant le squelette ne ressort

1. Lettre de l'abbé Leriche, citée par M. et Mme Simonet, descendants de Cadoudal dans une étude réalisée en 2004.

qu'en 1830 du caveau de l'église Saint-Paul pour être convoyé jusqu'à Kerléano. Tenu éloigné pendant vingt-six ans de sa Bretagne natale, Cadoudal y fait un retour triomphal, accueilli en grande pompe par le préfet du Morbihan, le maire d'Auray, le clergé, les pompiers, les gendarmes et toute une population d'autant plus émue qu'elle n'ignore rien du triste état dans lequel les restes de son héros lui sont restitués.

Par la suite, les travaux du mausolée vont être interrompus à plusieurs reprises en raison des événements politiques, notamment en 1830 et 1848, c'est-à-dire sous la Monarchie de Juillet et la IIe République. Entre ces difficultés liées aux bouleversements politiques et les contretemps d'ordre financier, le mausolée ne sera achevé qu'en 1852. C'est donc en 1853, tandis que débute le Second Empire, que les restes de Cadoudal prennent enfin place dans le puits central du monument funéraire que lui a dédié la Bretagne reconnaissante.

Près de trente ans plus tard, en 1871, les ossements de son meilleur ami Pierre Mercier, dit « La Vendée », viennent l'y rejoindre. Ses ossements conservés eux aussi dans un coffre ont été retrouvés dans le grenier d'un hospice de la ville de Loudéac, accompagnés de documents permettant de l'identifier. « La Vendée » était à la fois le compagnon d'armes de Cadoudal et le frère de Lucrèce Mercier, la femme dont le chef chouan s'était épris. Lorsqu'elle apprit la mort de celui qu'elle aimait, Lucrèce entra dans les ordres. Elle est enterrée non loin de Cadoudal, à trois kilomètres du Mausolée, au sud-ouest d'Auray sur la route de Quiberon.

Cadoudal est-il au bout de ses peines, repose-t-il enfin en paix au fond de son puits en compagnie de son grand ami « la Vendée » ?

Le croire reviendrait à envisager naïvement qu'une histoire de squelette ou de crâne puisse en ce XIXe siècle trouver un dénouement quelconque, sans que la phrénologie ne vienne à un moment ou à un autre en pimenter le cours.

Précisément, en septembre 1853, un neveu de Georges indigné écrit à son épouse qu'il a vu le crâne de Cadoudal exposé dans le cabinet de phrénologie du Jardin des Plantes. La relique y serait présentée avec le crâne de l'anarchiste Fieschi. Ce nouvel exemple de cohabitation post mortem n'est pas sans rappeler celui déjà évoqué à plusieurs reprises de Descartes avec Lacenaire, Cartouche ou Sade et de Charlotte Corday avec Marat. À cette différence près que le compagnonnage de Cadoudal et Fieschi présente une certaine cohérence : le chouan était soupçonné de vouloir tuer Bonaparte, Fieschi lui, a voulu assassiner Louis-Philippe avec sa « machine infernale ». Voilà donc une vitrine où l'on ne séjourne pas entre enfants de chœur !

Chose étrange, Fouché affirme en 1808 à Napoléon que Cadoudal est bien enterré à Sainte-Catherine, mais il lui raconte également que « le docteur Gall montre le crâne de Georges qu'il dit lui avoir été donné par M. Larrey. Il est pourtant bien certain que les corps et les têtes de Georges et de ses complices ont été inhumés au cimetière dit de Sainte-Catherine »[1].

1. Étude Simonet, 2004.

Si, comme le croit Fouché, Cadoudal est bien à Sainte-Catherine, Gall ne peut avoir son crâne. Mais si Larrey a effectivement donné à Gall le vrai crâne de Cadoudal, c'est qu'il en possédait sans doute aussi le squelette. Dans ce cas, à qui appartient l'autre crâne, celui qui coiffe l'Anatole de l'amphithéâtre ? « Tempête sous un crâne ! » – jamais l'expression ne trouva application plus justifiée.

L'histoire ne dit pas si la famille de Cadoudal eut ou non le réflexe d'examiner le crâne inhumé au fond du puits. Mais, depuis cette époque, ses différents descendants ont mené une minutieuse enquête. Il en ressort notamment que le crâne de Cadoudal a bel et bien figuré à l'inventaire de la collection de crânes du Musée de l'hôpital militaire de Rochefort, musée où travailla... un certain Gall. Le dit crâne semble avoir disparu du musée pendant la dernière guerre, c'est en tous cas à cette époque que l'on perd sa trace. Les Allemands ont effectivement fait main basse sur un certain nombre de choses au Muséum d'Histoire naturelle, mais en quoi le crâne de Cadoudal pouvait-il les intéresser ?

Les Anglais auraient voulu kidnapper la dépouille de Descartes et les Allemands la tête du chef breton ? Quelle est cette conspiration internationale pour nous dérober nos illustres débris hexagonaux ?

En 1992, à la faveur des travaux de rénovation du mémorial de Kerléano, le puits central a été ouvert. Mme Simonet, descendante de Cadoudal, s'était opposée à ce que la dalle qui le recouvrait fût descellée, mais puisque l'initiative en avait été prise, elle saisit cette occasion unique d'être confrontée à son glorieux ancêtre.

Le squelette de Cadoudal est bien là, toujours harnaché de fil de fer, mais Mme Simonet est frappée par la petitesse du crâne.

Or, les différents portraits de Cadoudal parvenus jusqu'à nous le représentent avec une tête massive et un cou de taureau ; en somme, le chef breton avait bien été une « forte tête » à tous les sens du terme. Non seulement le crâne examiné par sa descendante ne semble pas correspondre aux portraits connus mais il semble également bien plus petit que le moulage du crâne de Cadoudal, provenant de la collection Gall, qu'elle a en sa possession.

Cadoudal aurait donc été monté sur fil de fer avec le crâne d'un autre. Ainsi, tandis que les crânes de Descartes, Richelieu et Charlotte Corday étaient en mal de squelettes, le squelette de Cadoudal lui, se languissait de son crâne original. Quand et par qui celui-ci fut-il dérobé ? Où se trouve-t-il à présent ? D'aucuns prétendent qu'il serait quelque part en Bretagne dans le cabinet de curiosités d'un particulier, d'autres qu'il se trouve en Allemagne...

Le 26 septembre 1976, sur la base aérienne du Bourget, le ministre des Universités, le général dirigeant la maison militaire du président de la République, le commandant de la base et l'ambassadeur d'Égypte guettent l'arrivée d'un important homme politique. La garde républicaine lui rend les honneurs réservés aux chefs d'État. Ce monsieur a trois mille cent quatre-vingt-neuf ans, il se nomme Ramsès II, et c'est à sa momie que viennent d'être rendus les honneurs militaires.

La mort met tout le monde d'accord, mais les morts ne sont pas égaux en dignité. Là où certains défunts illustres continuent des milliers d'années après leur décès à arpenter les tapis rouges les pieds devant, d'autres sont réduits pour l'éternité à l'état de pantin désarticulé.

Devant tant d'injustice, peut-être le souvenir du sort réservé au général Pichegru, son ami et complice, est-il de nature à apaiser l'indignation des mânes de Cadoudal. Car si lui-même fut à sa mort monté sur fil de fer, Pichegru lui, fut mis en terre dans une serpillière !

INVENTAIRE DU SQUELETTE DE CADOUDAL

Reste :
Squelette entier

Manque :
Le crâne original

SECOND CHOIX

Compte tenu de la classification bouchère retenue dans ces pages, aux « Pièces nobles » succède tout naturellement le « Second Choix ».

Relèvent de cette catégorie d'une part des personnages illustres dont il ne reste rien alors qu'ils furent inhumés au faîte de leur popularité, ou ceux dont les cendres furent conservées mais vouées aux gémonies après avoir été encensées ; d'autre part, des êtres que la gloire ne cessa jamais d'auréoler, mais que cette popularité même a condamnés à être inhumés en pièces détachées.

Les disparus du Panthéon

Les peuples aiment leurs grands morts et savent où les trouver ! Nul n'ignore qui est inhumé sous le dôme des Invalides, à Colombey-les-Deux-Églises, ou à la basilique de Saint-Denis, chacun connaît les noms des hôtes les plus prestigieux du Panthéon : Hugo, Jaurès, Zola, Jean Moulin, Alexandre Dumas, Voltaire, Rousseau, Malraux... Les Français peuvent disserter sur leurs grands hommes comme sur leurs grands vins, ils savent que les hommages nationaux ont eux aussi leurs bons et leurs mauvais millésimes : entre Jean Moulin, entré au Panthéon en 1964, et René Cassin, auteur de la Déclaration universelle des droits de l'homme, entré lui en 1987, nul défunt ne fut plus jugé digne de franchir la porte monumentale. L'année suivante, en 1988, un unique résident fut accueilli au Panthéon en la personne de Jean Monnet. Puis ce fut le grand cru 1989 : Condorcet, l'abbé

Grégoire, François-Séverin Marceau, Monge... les grands morts se bousculaient au portillon !

Tout comme l'est à sa manière le soldat inconnu, tous ces morts sont des vedettes. Mais qui connaît les noms des plus « petits » de nos « grands hommes » ? Soixante-treize personnes reposent au Panthéon : à lui tout seul, l'empereur Napoléon Ier qui « panthéonisait » ses dignitaires à tour de bras n'y envoya pas moins de quarante-deux personnes : Jean-Baptiste Caprara, Claret de Fleurieu, Nicolas-Marie Songis. À qui ces patronymes disent-ils encore quelque chose aujourd'hui ?

Avec tous les « entrants » au Panthéon dont les noms sont à peine connus, comment s'étonner que nul ne s'intéresse aux « sortants » ? À ces parias qui furent inhumés quelques temps dans ce temple de la renommée pour en être ensuite extirpés *manu militari*, à ceux qui, pressentis pour accéder à cet honneur, en furent finalement privés ? Qui donc sont ces « dépanthéonisés » et où se trouvent-ils à présent ?

« Aux Grands Hommes la patrie reconnaissante. » La célèbre formule du marquis de Pastoret gravée en lettres d'or scintille sur l'architrave du portique occidental du Panthéon. Au moment même de son adoption par l'Assemblée constituante, elle fit d'ailleurs grincer quelques dents, car elle supposait une conception de la nation qui était loin d'être partagée par tous. Ainsi, Prudhomme s'opposa-t-il fermement à son adoption, considérant pour sa part que « la patrie ne doit aucune reconnaissance à ceux qui la servent et lui doivent tout » !

Quoi qu'il en soit, pour quelques-uns de ses grands hommes au moins, la patrie allait indéniablement se montrer plus inconstante que reconnaissante.

Le premier grand homme à entrer au Panthéon sera aussi le premier à en sortir ! Il s'agit d'Honoré Gabriel Riqueti, comte de Mirabeau (1749-1791), homme politique, écrivain et surtout prodigieux orateur. Il vient à peine d'être élu président de l'Assemblée constituante lorsqu'il tombe gravement malade. Pour qu'aucun bruit ne vienne troubler son repos, la rue de la Chaussée d'Antin où se trouve sa petite maison est couverte de paille ; bientôt même, toute circulation y est interdite. Les Parisiens très émus se pressent sous les fenêtres de la chambre où il agonise et meurt finalement le samedi 2 avril 1791, à l'âge de quarante-deux ans. L'émotion est immense, la ville entière est en deuil, tous les spectacles sont annulés. Dès le lendemain de sa disparition, la rue de la Chaussée d'Antin débaptisée prend le nom de « rue Mirabeau, patriote, mort le 2 avril ». Une inscription, rédigée par le comédien Talma, viendra bientôt compléter ce baptême en ces termes : « L'âme de Mirabeau s'exhala en ces lieux. Hommes libres pleurez ! Tyrans, baissez les yeux ! »

Où donc inhumer l'illustre orateur ? Il faut un tombeau à sa mesure. Si l'on s'en tenait à ses dernières volontés, son corps serait porté à Argenteuil et reposerait dans la crypte familiale en cours d'achèvement. Mais les morts ont-ils vraiment leur mot à dire ? Ce n'est guère l'impression donnée jusqu'ici par ceux dont on a suivi les mésaventures.

L'Assemblée constituante, inspirée par ce grand mort, décide donc que la nouvelle église Sainte-Geneviève fermée au culte recevra désormais « les cendres des grands hommes de l'époque de la liberté française ». Antoine Quatremère de Quincy est chargé de modifier la structure de l'édifice et les quarante-deux fenêtres aménagées par Soufflot sont bouchées : un temple civique ne saurait avoir l'apparence d'une église ! L'article VIII du décret adopté par la Constituante précise par ailleurs qu'« en attendant que la nouvelle église Sainte-Geneviève soit achevée, le corps de Riqueti Mirabeau sera déposé à côté des cendres de Descartes dans le caveau de l'église Sainte-Geneviève ». Voici un peu de compagnie pour Descartes, alors lui-même en attente de son transfert vers le Jardin Élysée !

Quatremère de Quincy suggère le nom de « Panthéon », terme qui ne sera cependant utilisé officiellement pour la première fois que le 12 septembre 1792, alors que doit y être transporté le corps de Nicolas Joseph Beaurepaire, officier français mort à Verdun, le 2 septembre 1792. Beaurepaire ne figure pas au nombre des sortants du Panthéon puisque son transfert ne sera finalement jamais exécuté. Il relève néanmoins de la même malédiction, puisque son corps disparaîtra mystérieusement.

Mirabeau est donc le premier Français illustre à recevoir l'hommage de la patrie. De grandioses obsèques ont lieu le 4 avril à Saint-Eustache. Dans *La Comtesse de Charny*, Dumas décrit la cérémonie en ces termes : « Ce fut à huit heures seulement que l'on arriva à Saint-Eustache. L'éloge funèbre fut prononcé par Cérutti ; au dernier mot, dix mille gardes nationaux qui étaient dans l'église déchargèrent leurs fusils d'un seul coup. L'assemblée, qui ne s'attendait pas à cette décharge, jeta un grand cri. La commotion avait été si violente, que pas un carreau n'était resté intact. On put croire un instant que la voûte du temple allait s'écrouler, et que l'église servirait de tombe au cercueil. »

Un cortège de trois cent mille personnes se forme ensuite au son d'instruments nouveaux, notamment du tam-tam que l'on entend jouer pour la première fois dans Paris à l'initiative du compositeur Gossec. Après plus de cinq heures de cérémonie, le cercueil de Mirabeau, porté par seize citoyens soldats, pénètre vers minuit dans le sanctuaire de la gloire humaine.

Dans les mois qui suivent, la pierre tombale du tribun fait l'objet d'un véritable culte, il se trouve chaque jour des Parisiens pour la recouvrir de branchages et de fleurs. Mais, bientôt, la découverte aux Tuileries de la fameuse armoire de fer livre la preuve des subsides que Mirabeau avait touchés de la cour pour faire évader Marie-Antoinette.

Le grand homme désormais indésirable est instantanément « dépanthéonisé ». Là encore, Dumas décrit l'événement avec grandiloquence : « Trois ans après, dans une sombre journée d'automne, non plus dans la salle du Manège, mais dans la salle des Tuileries, quand la Convention, après avoir tué le roi, après avoir tué la reine, après avoir tué les girondins, après avoir tué les cordeliers, après avoir tué les jacobins, après avoir tué les montagnards, après s'être tuée elle-même, n'eut plus rien de vivant à tuer, elle se mit à tuer les morts. Ce fut alors qu'avec une joie sauvage elle déclara qu'elle s'était trompée dans le jugement qu'elle avait rendu sur Mirabeau, et qu'à ses yeux, le génie ne pouvait faire pardonner à la corruption. »

Le 21 septembre 1794, le cercueil de Mirabeau est donc évacué du Panthéon, puis mis en terre le plus discrètement du monde dans l'ancien cimetière Sainte-Catherine. Ce cimetière dont l'emplacement est aujourd'hui occupé par les numéros 54 à 66 du boulevard Saint-Marcel dans le Ve arrondissement allait rester en service jusqu'en 1824. C'est à cet endroit même que seront inhumés les compagnons de Cadoudal en 1804. Bien longtemps après la Révolution, des fouilles y seront entreprises dans l'espoir de retrouver le cercueil de Mirabeau. Sans succès !

Il ne reste donc strictement rien de lui. Rien, sinon un masque mortuaire. Selon le compte rendu des débats, ce masque fut solennellement offert à l'Assemblée par Houdon le 22 avril 1791, c'est-à-dire vingt jours après la mort du tribun. Moulé sur le visage de Mirabeau une demi-heure après sa mort, il porte les marques de la petite vérole dont il avait été affligé dans sa jeunesse. Conservé depuis par l'Assemblée, ce masque mortuaire a d'ailleurs été exposé en 2005 à l'hôtel de Lassay dans le cadre de l'exposition « Trésors de l'Assemblée nationale ».

Quant à la pierre tombale que les Parisiens venaient fleurir quotidiennement au Panthéon, elle a tout comme la dépouille disparu corps et biens. Le dernier mot prononcé par Mirabeau y était gravé, un vœu murmuré dans un dernier souffle et aussitôt exaucé pour toujours : « Dormir... »

Le deuxième « expulsé du Panthéon » était un proche de Mirabeau et se nommait Michel Lepeletier de Saint-Fargeau. Petit-fils d'un contrôleur général des finances de Louis XV, lui-même ancien président à mortier du Parlement de Paris, il était l'un des plus brillants familiers de Louis XVI et de Marie-Antoinette. À la surprise générale, alors qu'il était député de la noblesse aux États Généraux, l'aristocrate avait cédé à l'appel de Mirabeau et rejoint le tiers-état, en même temps que quarante-sept autres membres du clergé et de la noblesse. Ce haut fait lui valut d'être nommé président de la Constituante en juin 1790.

Au cours de la séance du 20 janvier 1793, qui devait donner lieu à un vote sur la mort du roi, Lepeletier en cherchant à justifier son vote en faveur de la condamnation à mort finit par entraîner à sa suite un certain nombre d'hésitants. Or, la mort du monarque n'est finalement votée qu'à une voix de majorité ! Le soir même de cette séance houleuse, veille de l'exécution de Louis XVI, le conventionnel dîne chez Février, un restaurant de l'ex Palais Royal, devenu « Palais Égalité ». C'est alors qu'un ancien garde du corps du roi, Philippe-Nicolas de Paris, après s'être assuré qu'il avait bien affaire à ce même Lepeletier qui avait juré de ne pas envoyer le roi à la guillotine, tire un couteau de son manteau et l'éventre profondément. Transportée jusqu'au domicile de son frère cadet, place Vendôme, la victime meurt quelques heures plus tard, sans avoir prononcé le moindre mot.

La Convention exige que lui soient réservées des « obsèques d'apothéose ». Le peintre David, organisateur attitré de toutes les grandes cérémonies révolutionnaires, réalise une grandiose mise en scène : le corps de Lepeletier, à demi nu, entouré de torches et de voiles funèbres est exposé au beau milieu de la place Vendôme sur le piédestal d'une statue de Louis XIV récemment déboulonnée. La dépouille reste là quelques jours puis, le 24 janvier, elle est convoyée au Panthéon. Le président de la Constituante pose une couronne « civique » sur la tête du mort, tandis que ses vêtements ensanglantés agrémentés de lauriers sont portés en haut d'une pique et accompagnent le convoi. Airs lugubres à souhait, jeunes pleureuses de blanc vêtues, crêpe noir à gogo et lauriers : du David au mieux de sa forme !

Lepeletier n'était âgé que de trente-trois ans et laisse derrière lui une fille unique, Suzanne, une enfant de onze ans. Présentée à la Convention le 25 janvier 1793, l'orpheline est solennellement adoptée par le peuple français : elle est la première « pupille de la nation », une encombrante adoption qu'elle s'efforcera de faire oublier à la Restauration.

Le corps de son père va séjourner deux ans dans la crypte du Panthéon jusqu'au jour de février 1795 où sa famille le récupère et le fait inhumer sans plus de cérémonie dans un coin du vaste domaine de Saint-Fargeau, dans l'Yonne. Après le 9 Thermidor qui a entraîné la chute de Robespierre, il semble que l'on s'intéresse soudainement beaucoup moins aux morts quelles qu'aient pu être leurs opinions politiques. Sans doute en a-t-on vu bien assez durant la Terreur !

Bien des années plus tard, en 1878, le propriétaire du restaurant du Lac de Saint-Fargeau tombe sur un cercueil alors qu'il fait réaliser des travaux dans son jardin : « À quatre mètres environ, dans ce sable, je trouvai un cercueil en très mauvais état, éventré. [...] A l'intérieur du cercueil, on remarquait une tête de mort, avec les dents, de gros os, deux mains intactes. Au contact de l'air, ces restes s'émiettèrent. »

Lepeletier était enterré là depuis maintenant quatre-vingt-cinq ans, sans pierre mortuaire ni inscription. À la Restauration, sous Louis XVIII, puis sous Charles X, appartenir à la famille du « conventionnel régicide » était une flétrissure qu'il convenait de faire oublier. La honte sans doute, puis tout simplement l'oubli, la vie qui continuait, furent autant de raisons de priver Lepeletier de Saint-Fargeau d'une sépulture honorable et identifiable. Voici donc un homme qui, assassiné dans un restaurant, refit surface dans un autre, quatre-vingt-cinq ans après sa mort. Ses restes réduits en poussière sont alors transférés au château de Saint-Fargeau, celui-là même où Jean d'Ormesson, son arrière-arrière-petit-fils, a situé les décors de son admirable saga familiale *Au plaisir de Dieu*.

À la Restauration, pour effacer tout ce qui rappelait son passé révolutionnaire, Suzanne acheta au prix fort aux héritiers de David réticents le tableau représentant le cadavre de son père, au-dessus duquel était suspendu un glaive. Sous le portrait, une inscription : « Je vote la mort du Tyran. » Alors qu'elle s'était engagée auprès des vendeurs à leur montrer la toile tous les six mois, afin de leur prouver qu'elle ne l'avait pas détruite entre-temps, elle mura le tableau dans un recoin de son château de Saint-Fargeau. S'y trouve-t-il encore ? Avis aux amateurs de chasse au trésor ! Les autres pourront se recueillir sur les tombes de Michel et de Suzanne et, si les vieux os ne les inspirent guère, jouir du plaisir simple d'apprendre que c'est ici, à Saint-Fargeau, qu'aurait été composé *Au clair de la lune*.

Le jour même où le cercueil de Mirabeau quittait le Panthéon par la petite porte, celui de Marat y entrait par la grande. Dans le discours qu'il prononça à cette occasion, David souligna avec emphase cette simultanéité : « Que le vice, que l'imposture fuient du Panthéon. Le peuple y appelle celui qui ne se trompa jamais. »

Car Marat, que nous avons laissé dans sa baignoire pour suivre les pérégrinations du crâne de Charlotte Corday, fait lui aussi partie des « sortants du Panthéon ». Mais sa déchéance fut peut-être plus grande encore que celle de Mirabeau car, plus encore que lui, il fut aimé du peuple.

Dans les jours qui suivent sa mort, le 13 juillet 1793, une sorte de fièvre s'empare de la ville : des dizaines de personnes stationnent des heures durant devant sa maison de la rue des Cordeliers. Des enfants, des villages, des montagnes vont prendre son nom : Montmartre devient Montmarat, Le Havre de Grâce devient Le Havre-Marat, Saint-Léger-en-Yvelines devient Saint-Marat-des-Bois, la place de l'Observatoire à Paris est baptisée place de l'Ami du peuple. Et comme la démagogie n'a pas de bornes, Murat futur maréchal de France et beau-frère de Napoléon déclare haut et fort qu'il entend désormais ne plus être appelé Murat mais Marat.

Pendant ce temps, l'organisation des funérailles piétine car on ne sait quelle idée retenir parmi les propositions plus pompeuses les unes que les autres qui sont formulées à la Convention. C'est à qui se montrera le plus grandiloquent. Certains proposent de rendre à Marat des honneurs divins ; son corps pourrait être embaumé et porté dans tous les départements, voire même dans le monde entier pour impressionner les tyrans ! Il faut faire mouler sur-le-champ la figure du martyr puis transférer son corps au Panthéon ; ses dettes doivent devenir le patrimoine de la nation, qui se chargera de les acquitter. Toutes ces motions, cela va de soi, sont saluées par de frénétiques applaudissements.

Mais deux jours après la mort de Marat, rien n'est encore décidé. Il faut pourtant faire vite, car bien que le corps ait été embaumé, les chairs se putréfient si rapidement, que l'on craint fort qu'elles ne se détachent à la moindre manipulation. Déjà peu ragoûtant de son vivant en raison de sa maladie de peau, le défunt « Divin Marat » est une infection telle, qu'il faut brûler auprès de lui une quantité considérable d'encens et d'aromates. La Convention est contrainte d'avancer le jour de l'inhumation au 16 juillet.

La section des Cordeliers ayant obtenu le privilège d'être gardienne du corps, celui-ci est transporté dans l'église du même nom. Voici donc David, grand « mamamouchi » des funérailles nationales, appelé à officier à nouveau : il fait déposer le corps de Marat sur une estrade ornée de tentures tricolores. Il le couvre d'un drap mouillé pour donner à l'ensemble l'aspect du faux marbre et expose à ses côtés la baignoire et la chemise teintée du sang du martyr ! L'autre brillante idée de David est de donner à Marat la posture dans laquelle il se trouvait au moment de sa mort, c'est-à-dire, précise le peintre, « écrivant pour le bonheur du peuple ». Ce détail va donner lieu par la suite à toutes sortes d'élucubrations. La marquise de Créquy en a donné la version suivante dans ses célèbres *Souvenirs* : « On voyait cependant sortir par-dessous le drap tricolore qui était relevé de côté, comme une draperie, un avant-bras droit dont la main tenait une plume de fer ; et comme il y eut des gens que l'on avait apostés pour aller baiser cette main morte et cette plume allégorique [...] il en résulta je ne sais quel dérangement qui fit tomber cet appareil d'avant-bras... et l'on vit par là que ce membre avait été fourni par un autre cadavre que celui de Marat. » Ce sinistre incident, la marquise de Créquy n'est pas la seule mémorialiste à l'avoir mentionné : certains récits du même événement précisent que David utilisa le bras d'un autre mort parce qu'il n'était pas parvenu à donner à celui de Marat, trop raide, la noble posture prévue dans sa mise en scène.

Quoi qu'il en soit, la cérémonie funèbre proprement dite commence vers 17 heures. Tout y est : les jeunes pleureuses de blanc vêtues, les garçons portant des branches de cyprès, les membres de la Convention, des clubs, la foule, et surtout, la baignoire ! Dans le cortège, on chante des airs patriotiques scandés par des coups de canons tirés depuis le pont Neuf. En fait, ce convoi précédé d'une baignoire se contente de faire cinq heures durant un gros tour du pâté de maisons, la demeure de Marat ne se trouvant qu'à quelques dizaines de mètres de l'église des Cordeliers, lieu de l'inhumation.

En fin de journée, le cercueil est finalement déposé sous un tertre formé de blocs de pierres, au milieu duquel a été aménagé un souterrain. Ce tombeau est censé représenter la vie du tribun : le rocher symbolise son irréductibilité, sa résistance à la contre-révolution, le souterrain figurant quant à lui ses années de lutte clandestine. Les œuvres du défunt sont placées dans le cercueil, ses entrailles dans une boîte, ses poumons dans une autre. Le tombeau ainsi décrit est surmonté de cette épitaphe : « Ici repose Marat, l'Ami du peuple, assassiné par les ennemis du peuple, le 13 juillet 1793. »

Pour contenir le cœur, les amis du défunt sont allés quérir au Mobilier national la plus belle urne du trésor « ex royal ». Cette urne doit être suspendue au plafond de la salle des séances des Cordeliers. De même que le chapeau de cardinal suspendu à la voûte de la chapelle de la Sorbonne était censé guider vers Dieu l'âme de Richelieu, l'urne renfermant le cœur de Marat devait sans doute inspirer aux Cordeliers l'horreur du despotisme et l'amour de la Nation.

En tous cas, ce cœur en suspension ou en lévitation stimula semble-t-il l'imagination des foules puisque dans les jours qui suivirent cette cérémonie, certains conventionnels se mirent à comparer Marat à Jésus-Christ. Un certain ci-devant Morel surenchérit même en ces termes : « Comme Jésus, Marat aime ardemment le peuple et n'aime que lui ; comme Jésus, Marat déteste les nobles, les prêtres, les riches, les fripons ; comme Jésus, il ne cesse de combattre ces pestes de la société ; comme Jésus, il mena une vie pauvre et frugale ; comme Jésus, Marat fut extrêmement sensible et humain [...]. » Inspiré par ces propos dithyrambiques, un autre orateur entonna alors un cantique de sa composition sur le thème « Ô cor Jesu ! Ô cor Marat ! »

Voilà peut-être ce que les membres de la Convention entendaient par « rendre des honneurs divins » ! Si tel était le cas, le résultat final était au-delà de toute espérance.

Quatorze mois après l'inhumation de Marat, la Convention décide que sa dépouille doit remplacer au Panthéon celle de Mirabeau. Elle n'y fera cependant qu'un bien court séjour : le 26 février 1795, dans les mois qui suivent la fin de la Terreur, le buste de Marat est jeté à la voirie et son corps rejoint les tombes anonymes du cimetière Sainte-Geneviève, quelque part sous l'actuelle bibliothèque du même nom. Sa dépouille mortelle emporte ainsi haut la main le record du passage le plus rapide de l'histoire du pinacle à l'égout.

Le musée Carnavalet signale bien qu'il posséderait un morceau de mâchoire de Marat dans ses réserves d'ossements célèbres. Mais la conservatrice interrogée à ce sujet ne le croit pas plus authentique que la poignée de la salle de bains de l'Ami du peuple figurant également à l'inventaire. En revanche, l'authenticité du livre de prière de Charlotte Corday ne souffre aucune contestation. Sans doute, mais compte tenu du sujet qui nous occupe, le livre de prière d'une oie blanche idéaliste est beaucoup moins affriolant que le morceau de mâchoire d'un tribun sanguinaire !

Mirabeau, Marat, Lepeletier de Saint-Fargeau sont les plus connus des expulsés du Panthéon. Mais la liste ne s'en arrête pas là : en plus de Beaurepaire déjà évoqué, « panthéonisable » en puissance mais dont le transfert ne fut pas réalisé, il faut encore citer Auguste-Henri-Marie Picot de Dampierre (1756-1793), général mort au combat après s'être distingué à Valmy et à Jemmapes. Son corps fut retiré du Panthéon, au même moment que celui de Mirabeau, à la demande de Couthon, membre du Comité de Salut public qui le soupçonnait de trahison. Nul ne sait où disparut sa dépouille.

Enfin, la Convention vota également « les honneurs du triomphe » suivi du transfert au Panthéon pour les restes de deux jeunes garçons. Le premier d'entre eux, Joseph Bara, né à Palaiseau, s'était engagé à douze ans dans les troupes de patriotes envoyées en Vendée pour y réprimer la chouannerie. Pris dans une embuscade, Joseph aurait refusé de crier « Vive le Roi » et se serait exclamé « Vive la République » en embrassant sa cocarde tricolore avant d'être mis à mort.

Agricole Viala, lui, venait d'Avignon. En 1790, il n'a que treize ans lorsqu'il se sacrifie pour sauver ses compagnons à l'occasion d'une échauffourée avec des « fédéralistes » sur les bord de la Durance.

Afin de protéger la fuite de ses compagnons d'armes à bord de barques, il se rue sur une hache pour couper la corde qui retient le bac. Il est criblé de balles, mais aurait tout de même eu le temps d'exprimer sa satisfaction de mourir pour la liberté ! Son corps est mutilé, on ne le retrouvera que le lendemain échoué sur une berge de la Durance.

La Révolution fait florès de ce genre de héros : les cendres des deux enfants seront donc transportées à Paris en attendant leur entrée au Panthéon. David leur concocte une cérémonie à sa façon, mais adaptée à leur jeune âge : un groupe d'enfants recevra l'urne contenant les restes de Viala ; celle de Barra sera solennellement remise aux mères d'enfants morts glorieusement pour la défense des libertés. Chanteurs déplorant les ravages du fanatisme et criant de douleur, danseurs, soldats blessés pour la patrie, fleurs et poèmes, le spectacle une fois encore promet d'être grandiose. La mise en scène est au point, mais le transfert au Panthéon est reporté à plusieurs reprises. Robespierre craint en effet que cette cérémonie ne vienne concurrencer la Fête de l'Être Suprême dont il sera lui-même le personnage central.

Du coup, le transfert d'Agricole Viala et de Barra est programmé au 10 Thermidor ! Mauvaise pioche pour les deux enfants ! À l'heure où ils auraient dû entrer au Panthéon, Robespierre, lui, montait à l'échafaud. Pour cette cérémonie-là, son grand ami David n'avait prévu ni guirlandes de roses, ni flonflons et s'était fait porter pâle !

Si les urnes contenant les cendres de Barra et Viala n'ont jamais quitté les Tuileries, où donc sont-elles passées ? L'écrivain G. Lenotre, celui-là même qui se lança sur les traces du crâne de Charlotte Corday, les a cherchées partout : « Elles ne se trouvent ni aux Archives, ni aux Domaines, ni au Garde Meuble, ni aux Beaux-Arts, ni à Saint-Denis. [...] Les transporta-t-on sans pompe au Panthéon ? [...] Les urnes ne s'y retrouvent pas, c'est donc qu'elles n'y ont jamais été déposées [1]. » L'auteur conclut son article, en avançant l'hypothèse que les urnes furent enfouies quelque part dans le jardin des Tuileries et s'y trouvent toujours, ou bien qu'un particulier les conserve chez lui sans avoir la moindre idée de ce qu'elles contiennent, privant ainsi le Panthéon de deux grands hommes ou plutôt de deux grands garçons supplémentaires.

Sur les sept exclus du Panthéon, le seul dont la tombe soit connue et dont on ait conservé quelques poussières d'os est Lepeletier de Saint-Fargeau. Les autres n'ont pas de tombe mais leur souvenir est tout de même évoqué par des noms de rues : il y a une rue Viala, une rue et même un pont Mirabeau célébré par Apollinaire. Les rues Dampierre, Beaurepaire, Joseph-Bara existent également. Le seul des sept exclus du Panthéon à n'avoir ni tombe ni rue à son nom est Marat. C'est dans la terre des fondations de la bibliothèque Sainte-Geneviève que ses os achèvent de se dissoudre puisque c'est là que se trouvait le cimetière où il fut « relogé » après son expulsion. Mais tout bien considéré, il n'est pas le plus à plaindre de notre liste d'expulsés : non seulement ses restes voisinent avec ceux des soixante-treize résidents

1. *Le Monde illustré*, 22 janvier 1898.

du Panthéon, mais il a bien d'autres prestigieux voisins – à commencer par sainte Geneviève dont l'église Saint-Étienne-du-Mont conserve précieusement une phalange, Pascal et Racine dont les ossements occupent des piliers de la même église, et Clovis dont les élèves du lycée Henri-IV piétinent quotidiennement les cendres lorsqu'ils vont en cours. Un voisinage plutôt « people » pour celui qui se targuait d'être avant tout l'Ami du peuple !

INVENTAIRE DES SQUELETTES
DES SORTANTS DU PANTHÉON

Restent :

Mirabeau : rien
Beaurepaire : rien
Marat : Rien – éventuellement un morceau de mâchoire au musée Carnavalet.
Barra et Viala : rien
Dampierre : rien
Lepeletier de Saint-Fargeau : poussière d'os au château de Saint-Fargeau dans l'Yonne.

Poussières d'étoiles : Voltaire et Napoléon

À côté des grands morts adulés puis honnis dont il ne reste rien ou presque, le « Second Choix » concerne également les stars de la relique, ces êtres d'exception ayant fait l'objet d'un culte aussi bien morts que vivants : Voltaire et Napoléon sont de ceux-là !

Mais, au fait, Voltaire est-il bien inhumé au Panthéon, et Napoléon est-il aux Invalides ? Pour incongrues qu'elles paraissent, ces questions se posent cependant bel et bien. En effet, pour peu que l'on se penche attentivement sur la littérature consacrée à ces sujets, on constatera qu'il se trouve encore aujourd'hui des auteurs pour affirmer que leurs cercueils sont vides.

Voltaire est un vieil homme usé et malade lorsqu'il entreprend, en février 1778, le long et fatigant voyage qui le mènera de son domaine de Ferney jusqu'à Paris. Âgé de quatre-vingt-quatre ans, le philosophe n'a pas quitté le pays de Gex depuis vingt ans et n'a pas revu la capitale française depuis son départ pour la Prusse en 1750, soit vingt-huit ans auparavant. Mais il sait que les Parisiens lui réservent un accueil enthousiaste et il souhaite être présent pour la création de sa dernière et vingt-septième pièce, *Irène*, à la Comédie-Française. Le triomphe qu'il remportera, non pas tant à l'issue de la première représentation devant la cour, mais de la sixième d'entre elles, est passé à la postérité : les spectateurs l'applaudissent à tout rompre et l'acteur Brizard couronne son buste de lauriers, à la manière d'un empereur romain. À la fin de la représentation, Voltaire s'exclame : « Vous voulez donc me faire mourir de gloire ! »

Loin de mourir de gloire, le philosophe connaîtra une mort douloureuse et clandestine.

Lors de ce dernier séjour à Paris, Voltaire est hébergé chez son ami le marquis de Villette dont l'hôtel particulier se trouve à l'angle de la rue de Beaune et du quai des Théatins ; le marquis prendra d'ailleurs de son propre chef l'initiative de rebaptiser ce quai du nom de « Voltaire » quelques jours à peine après la mort du philosophe.

Les plus méchantes rumeurs seront colportées sur la façon dont le marquis de Villette et Mme Denis, nièce et maîtresse de Voltaire, s'occupèrent, ou plutôt ne s'occupèrent pas, du mourant : le journal allemand la *Gazette de Cologne* les accusera d'avoir purement et simplement « remisé » le vieil homme dans une misérable cabane, au fond du parc de l'hôtel particulier et de l'avoir fait veiller par deux mégères ivrognes. On prétendra aussi que Voltaire était devenu fou, proférait des insanités et qu'il fut livré à lui-même dans une déchéance physique dont le spectacle était insoutenable. Ses plus violents détracteurs iront même jusqu'à affirmer qu'il délirait au point de boire le contenu de son pot de chambre !

Même si les adversaires de Voltaire ont délibérément noirci le tableau de ses derniers instants, son médecin personnel, un nommé Tronchain, confiera lui-même à l'évêque d'Orange que le philosophe avait eu une « épouvantable mort » [1].

Entre son arrivée à Paris en février 1778, et sa mort au mois de mai suivant, Voltaire passe ses journées en visites et en réceptions. Tout Paris cherche à le rencontrer, des membres de l'Académie française à ceux de la loge maçonnique des Neuf-Sœurs. Tronchain en sera même réduit à faire paraître une annonce dans le *Journal de Paris* priant les admirateurs de Voltaire de ménager la santé du vieil homme en renonçant à venir le voir.

Mais la fin est proche. À la suite d'une première alerte, le curé de Saint-Sulpice, paroisse dont dépend le logis du marquis de Villette, est appelé au chevet de Voltaire. L'archevêché de Paris a décidé qu'on ne l'admettrait pas à la sépulture chrétienne s'il ne signait pas une rétractation formelle des impiétés contenues dans ses écrits. Mandaté par son supérieur

1. *Mémoires de Monsieur de Tersac.*

M. de Tersac, l'abbé Gaultier qui par une évidente ironie du sort se trouve être l'aumônier des incurables, n'obtient pas de Voltaire qu'il communie, mais parvient néanmoins à lui faire signer une rétractation. Le philosophe est hanté depuis longtemps à l'idée de subir le même sort que son amie de jeunesse, la comédienne Adrienne Lecouvreur, dont le corps avait été jeté à la voirie. C'est sans doute en pensant à elle qu'il accepte de signer le 2 mars le document exigé par l'archevêché.

Mais on ne saurait imaginer paroissien plus récalcitrant et bientôt une rémission inespérée lui rend tout son mordant et son esprit critique sur l'Église, de sorte que lorsqu'il sera vraiment rendu à la toute dernière extrémité, l'abbé de Tersac ne se montrera pas aussi indulgent que l'abbé Gaultier et considérera comme insuffisante la première rétractation.

Les dernières paroles prononcées sur leur lit de mort par des personnages historiques ayant déjà fait l'objet de nombreux recensements, il est envisagé ici d'établir la liste, moins grandiose mais plus originale, des dernières boissons qu'ils ont ingurgitées. Les derniers breuvages de Descartes, Richelieu et Marat ont déjà été cités ; quel fut celui de Voltaire ?

Le philosophe était un buveur de café invétéré : il pouvait en boire entre trente et cinquante tasses par jour et s'interroger ensuite en toute bonne foi auprès de son médecin sur les insomnies dont il souffrait ! Mais le café ne fut pas sa dernière boisson, pas plus que l'élixir concocté par l'apothicaire de la rue de

Beaune, Mitouart, mélange explosif qui brûla cruellement la langue de Mme de Saint Julien lorsqu'elle s'avisa d'en goûter avant de le proposer à Voltaire.

En fait, le dernier breuvage de Voltaire fut une simple potion à base d'opium apportée par son ami d'enfance le duc de Richelieu. Cette boisson entraîna d'abord une prostration complète, puis un moment d'extrême surexcitation au cours duquel Voltaire, fou furieux, déchaîné, accusa son ami de vouloir l'empoisonner. L'opium eut surtout pour effet de paralyser le système digestif du malade qui fut dès lors définitivement hors d'état d'absorber la moindre goutte de quoi que ce soit !

Lorsque Voltaire décède finalement, le 30 mai 1778, le marquis de Villette sait que le curé de Saint-Sulpice n'a pas été convaincu du tout par la rétractation signée le 2 mars et qu'il refusera une inhumation religieuse. Ferney est trop éloigné de Paris pour que l'on envisage d'y rapatrier le corps. Voltaire étant loin d'être mort en odeur de sainteté, son cadavre peut devenir un objet de scandale et il n'est donc pas question pour le marquis de Villette de le conserver chez lui.

Il faut parer au plus pressé : Voltaire est embaumé à la lueur de la bougie sur son lit de mort par M. Try, chirurgien de la rue du Bac, assisté d'un nommé Burard et par Mitouart, l'apothicaire du quartier. Dans son rapport d'autopsie Try mentionne divers détails sur l'état du rein et de la vessie « semblable à du lard et décomposée » (la médecine moderne a d'ailleurs diagnostiqué que Voltaire souffrait probablement d'un cancer de la prostate) et ajoute que le cœur est très petit et le cerveau très gros, ce qui n'étonnera personne...

C'est alors que commence le morcellement en reliques auquel le récit de différentes inhumations et exhumations de morts illustres a déjà accoutumé le lecteur : Planström et son crâne de Descartes, chevalier de Terlon et son petit doigt, Cheval et sa tête de Richelieu, Hanotaux et ses poils de moustache du cardinal, Hauër et ses cheveux de Charlotte Corday, David et sa baignoire de Marat, Larrey et son squelette de Cadoudal !

Dans le même ordre d'idées, quelles vont être les reliques constituées à partir du corps de Voltaire ?

Mitouart vide son crâne et en profite pour demander à conserver le cerveau qu'il fait alors bouillir dans l'alcool afin de le faire durcir, avant de le mettre dans un bocal rempli d'esprit-de-vin. Après tout, même pour un apothicaire, il fallait avoir le cœur bien accroché pour procéder à ces manipulations, cela méritait bien une petite compensation. De fait, Mitouart va conserver toute sa vie ce trophée posé bien en vue sur une étagère de son officine de la rue de Beaune.

À sa mort, son fils qui hésitait à le conserver et comprenait tout l'intérêt de l'organe, étant lui-même destiné à devenir membre de l'Académie de médecine, propose aux membres du Directoire de se défaire du précieux bocal au bénéfice de la République. Il argumente en s'appuyant sur les plus récentes recherches des physiologistes établissant que le cerveau était bien le siège du génie. Si tel était le cas, cette pièce anatomique, compte tenu de l'homme éminent auquel elle avait été soustraite, devait impérativement devenir l'un des fleurons du Muséum d'histoire naturelle. Le ministre de l'Intérieur du Directoire envisagera bien un moment le transfert du cervelet à la Bibliothèque nationale, mais ce transfert ne se fera pas. En 1830, sous la Monarchie de Juillet, Mitouart fils revient à la charge, mais son offre est à nouveau déclinée. Le cerveau de Voltaire n'a guère de succès. Pourtant, de Mitouart père, apothicaire de Voltaire, à Mitouart fils, la « traçabilité » de la relique était excellente et incontestable !

Jean Orieux, biographe de Voltaire, raconte comment Mitouart fils, ne sachant plus trop que faire du cerveau, organisa chez lui une curieuse expérience : après avoir ouvert le bocal, on préleva un peu de matière cérébrale sur une pointe d'épingle que l'on enflamma ce qui provoqua une étincelle. On déduisit de cette pittoresque expérience que le génie de Voltaire continuait incontestablement à « lancer encore en pétillant des rayons de lumière » ! Le caractère pour le moins fantaisiste de ce genre d'expérimentations avait de quoi faire passer les divers tâteurs de bosses et cavités crâniennes de l'époque pour des champions de la rigueur scientifique.

À la mort de Mitouart fils, en 1848, sa fille Virginie hérite du bocal. Tout comme on s'est transmis la tête de Richelieu de père en fils chez les Armez, et celle de Charlotte Corday chez les Corbeau de Saint Albin, le cerveau de Voltaire va rester très longtemps dans le cercle familial Mitouart. Après la fille, il échoit à un cousin nommé Paul Verdier. Ni le Directoire, ni Louis-Philippe, ni la Bibliothèque nationale n'ont voulu du cerveau, Verdier aura-t-il plus de chance avec l'Académie française ? Absolument pas ! L'Académie décline l'offre. Les académiciens ne semblent pas particulièrement intéressés par les reliques : question d'âge sans doute ? Et puis l'Académie française ne possédant déjà qu'un malheureux petit doigt de Richelieu, son fondateur, et n'étant même pas parvenue à en reprendre la tête, qu'aurait-elle fait du cerveau de Voltaire ? Fallait-il le récupérer pour l'exposer entre deux encyclopédies ?

En réalité, l'Académie française déclara qu'elle ne disposait pas du reliquaire adéquat pour conserver l'objet. En 1858, l'organe indésirable et mal-aimé retourne donc chez Virginie Mitouart qui le léguera à son tour à sa cousine, Mme Monard. D'après le professeur Jacques Bréhant, membre de l'Académie de médecine, qui s'est intéressé de très près à l'itinéraire de ce cerveau au sein de la famille Mitouart, c'est finalement le fils de cette Mme Monard qui aurait réussi en 1924 à se débarrasser du cerveau, en l'offrant à la Comédie-Française. La relique se trouve donc depuis cette époque dans le socle de la statue du *Voltaire assis* sculptée par Houdon. Grâce à quoi, raconte Bréhant, « les héritiers purent jouir pendant vingt ans de deux fauteuils » offerts gracieusement par Émile Fabre qui était à l'époque administrateur général de la Comédie-Française.

Tout bien considéré, il est heureux pour les Monard que l'attribution de ce cerveau n'ait fait l'objet d'aucune compétition entre institutions et que l'Académie française ne se soit pas mise sur les rangs. Qu'aurait-elle eu à leur offrir ? Vingt années d'invitations aux séances d'élaboration du dictionnaire ?

Les cent cinquante années de stationnement puis d'allées et venues du cerveau de Voltaire ayant été retracées, il convient de suivre à présent les tribulations d'un autre organe. Pendant que Mitouart faisait bouillir le cerveau et que les entrailles atterrissaient aux latrines, M. de Villette demanda lui à conserver le cœur du philosophe. On notera au passage qu'au royaume de la relique, les différentes parties du corps ne sont pas à égalité : nul ne songe, en effet, à conserver les entrailles de Voltaire dont on se débarrasse sur-le-champ. Pourtant, elles n'auraient pas été moins décoratives et moins significatives qu'un cœur ou un cerveau sur l'étagère d'une pharmacie ? Affaire de goût sans doute ! Ou plus sûrement affaire d'odorat : car les viscères étant par excellence le siège d'innombrables bactéries, il fallait empêcher qu'ils ne communiquassent une odeur insoutenable au reste du corps en pourrissant.

Tandis que les Mitouart se transmettent le cerveau de père en fils, les Villette vont en faire autant avec le cœur. À cette différence près cependant, que le cœur aura des aventures plus glorieuses, plus épiques que le cerveau longtemps condamné à prendre la poussière entre la pharmacie et les appartements bourgeois de générations successives de Mitouart.

D'emblée, le réceptacle destiné à recueillir le cœur est plus prestigieux que le vulgaire bocal renfermant le cervelet. Le marquis de Villette a fait fabriquer un coffret de vermeil à son intention. Rien n'est trop beau pour l'illustre organe ! On se souvient que pour Marat, les Cordeliers étaient allés dénicher la plus belle urne du Mobilier national, que le coffret contenant la tête de Richelieu était une merveille d'ébénisterie en bois de citronnier, et que le squelette de Cadoudal fut appelé à goûter le repos éternel dans un magnifique coffre de chêne. En terme de magnificence, le culte des saints laïcs n'a décidément rien à envier à celui des saints de l'Église.

Le cœur refait le voyage jusqu'à Ferney où le marquis de Villette transforme la chambre de Voltaire en une sorte de chapelle. Le coffret de vermeil est posé sur un piédestal en marbre trônant dans une niche tendue de voiles noirs. Sur la porte de la chambre, le marquis a fait écrire la célèbre épitaphe : *« Son esprit est partout mais son cœur est ici. »*

Mais, un beau jour, le marquis désargenté est contraint de vendre le domaine de Ferney qu'il avait acquis à la mort de Voltaire ; il emporte donc le cœur en son domaine de Villette, à Pont-Sainte-Maxence. Bientôt l'Assemblée réclame la relique à Paris où se préparent l'apothéose de Voltaire et le transfert de sa dépouille au Panthéon. On ne saurait honorer le corps sans que le cœur soit aussi de la fête ! A-t-on également pensé à « inviter » le cerveau ? L'histoire ne le dit pas ! David travaille déjà à l'organisation de l'une de ces cérémonies dépouillées dont il a le secret, et ce jour-là, le cœur sera bien à l'affiche, exposé devant l'hôtel du quai Voltaire, ex quai des Théatins.

Voltaire Villette, âgé de quelques mois à peine à la mort de son père, devient propriétaire de la relique. Lorsque lui-même meurt en 1864, ses héritiers inventifs proposent tout naturellement d'en faire don... à l'Académie française ! La noble institution doit être passablement irritée d'être identifiée comme la seule destination possible pour les pièces d'anatomie d'hommes célèbres. Elle n'a pas voulu du cerveau, le cœur ne l'intéresse pas davantage. Les héritiers de Voltaire Villette en eurent probablement gros sur le cœur, car les Anglais leur proposaient des sommes mirobolantes pour ce cœur de Voltaire dont la France ne voulait pas. Aucune institution n'acceptait de le recevoir, mais il aurait fait beau voir qu'une quelconque parcelle de « notre » philosophe échouât chez quelque particulier de la perfide Albion. Pourquoi les Anglais auraient-ils souhaité acquérir l'illustre relique ? Ne possédaient-ils pas toutes sortes de dépouilles fameuses ? De grâce, messieurs les Anglais, parcellisez Shakespeare et Cromwell, Élisabeth Ire ou Henri VIII et laissez-nous Voltaire ! Cet épisode passa relativement inaperçu mais c'est là sans doute le sentiment qu'aurait exprimé la presse française s'il était venu à s'ébruiter. L'affaire du cœur sombre soudain dans le sordide puisque le reliquaire se trouve bientôt pris au beau milieu d'une querelle testamentaire : son legs à monseigneur de Dreux-Brézé, évêque de Moulins, est contesté par d'autres héritiers. S'ensuivra un long procès au cours duquel les avocats des parties respectives plaideront chacun pour attribuer à leur client la garde du cœur de Voltaire ; le spectacle de cette plaidoirie dut être assez surréaliste. Pour mettre un terme à la querelle familiale, l'État déclare finalement le cœur « Bien national ». Victor Duruy, ministre de l'Instruction publique de Napoléon III, fait alors ses premières armes en matière de reliques (deux ans plus tard, il aura en mains la tête de Richelieu à la Sorbonne) en recevant le précieux coffret des mains de Léon Duval représentant des héritiers. Le reliquaire est déposé à la Bibliothèque impériale, le 16 décembre 1864, avant d'être donné à la Bibliothèque nationale où il se trouve encore de nos jours.

Dans le Salon d'honneur de la Bibliothèque, rue de Richelieu, les visiteurs sont accueillis par le plâtre original du *Voltaire assis* de Houdon (1781). Sur le socle de la statue, on peut lire cette inscription : *Cœur de Voltaire donné par les héritiers du marquis de Villette.* Par un étonnant concours de circonstances, le cœur et le cerveau de Voltaire ont donc finalement abouti dans des reliquaires identiques. Le cœur se trouve dans le *Voltaire assis* de la Bibliothèque nationale, le cerveau est dans l'exemplaire en marbre de cette même œuvre d'Houdon à la Comédie-Française. Initialement la nièce de Voltaire destinait le marbre à l'Académie française, mais elle changea finalement d'avis et en fit don à la Comédie-Française. Les académiciens reçurent en échange un horrible marbre de Voltaire tout nu, décharné, osseux, qu'on peut voir aujourd'hui à la bibliothèque de l'Institut. De là à imaginer que les académiciens prirent plus tard leur revanche sur cette effrayant cadeau en déclinant cœur et cerveau de Voltaire ?

Après l'autopsie, cœur, cerveau et entrailles du philosophe sont partis dans différentes directions. Reste à savoir ce qu'il advint du plus gros morceau : le corps, dont le destin ne sera guère plus paisible que celui des différents organes déjà évoqués. Pour que nul ne vienne à savoir que Voltaire est mort chez lui, et pour que le philosophe puisse être inhumé chrétiennement, le marquis de Villette a l'idée de taire provisoirement cette mort et de faire transférer le corps à l'abbaye de Scellières près de Romilly dans l'Aube. L'abbé Mignot, frère de Mme Denis, et donc neveu de Voltaire, est justement affilié à cette abbaye où il est convaincu que les moines accepteront d'enterrer religieusement le philosophe.

En vue de ce convoyage clandestin, le corps de Voltaire est emballé, saucissonné dans des bandelettes, habillé de pied en cape, coiffé d'un bonnet pour dissimuler le triste état du crâne et sanglé pour tenir bien droit dans le carrosse qui quitte Paris nuitamment et roule bride abattue vers l'abbaye. Au terme de cette expédition rocambolesque, le philosophe est inhumé dans une crypte le plus rapidement possible pour que les autorités ecclésiastiques de Troyes n'aient pas le temps d'être informées de l'interdiction qui pesait sur son enterrement en terre chrétienne. Ce fut là une sage précaution, car lorsque l'évêque de Troyes apprit la chose, il s'écria qu'il ferait déterrer et jeter à l'eau le corps du philosophe. Ce qu'il ne fit d'ailleurs pas.

Le décès de Voltaire est annoncé le lendemain, Mme Denis à qui le philosophe a laissé son immense fortune n'a même pas fait le déplacement jusqu'à Scellières.

Notoriété et vie éternelle ne faisant généralement pas longtemps bon ménage, les ossements de Voltaire ne reposeront que treize ans à Scellières – en fait jusqu'à ce que l'abbaye soit vendue comme « bien national » sous la Révolution. Les communes avoisinantes se disputent alors l'honneur de recevoir les restes du philosophe : la commune de Romilly les voudrait bien et l'association des Amis de la Constitution de Troyes les réclame également. Après avoir envisagé un jugement de Salomon, c'est-à-dire une répartition des ossements entre les institutions intéressées, l'Assemblée nationale, saisie par le marquis de Villette, demande leur transfert au Panthéon.

À l'Assemblée, ce projet ne remporte pas tous les suffrages. Lors de la séance consacrée à ce sujet le 8 mai, l'abbé Couturier intervient en ces termes : « On compare Voltaire à un prophète ; je demande que ses reliques soient renvoyées en Palestine [1]. » Un autre député, M. Gombert, suggère quant à lui : « Renvoyez-le à l'abomination de la désolation [2] ! »

En dehors de ces quelques contestations, l'As-

1. Cité par Gustave Avenel et Émile de La Bédollière dans *Appendice à la vie de Voltaire par Condorcet*.

2. *Ibid.*

semblée se prononce quasi unanimement pour la réalisation du transfert au Panthéon.

On procède donc à l'exhumation : « On trouva un cadavre décharné, desséché mais entier et dont toutes les parties étaient jointes. On l'enleva de la fosse avec beaucoup de précautions et il ne se détacha que le calcanéum qu'une personne emporta. Le corps fut exposé pendant deux jours aux regards du public. » (M. Bouillerot, curé de Romilly-sur-Seine.)

Ce calcanéum, ou « os du tarse formant la saillie du talon », est emporté par un curieux dont on ignore l'identité. Émile de La Bédollière et Gustave Avenel dans l'ouvrage qu'ils consacrent à cette histoire en 1867 affirment que ce morceau d'os du pied figurait dans le cabinet d'histoire naturelle d'un certain M. Maudonnet, propriétaire près de Troyes.

En plus de l'os du pied, deux dents sont prélevées sur la dépouille : l'une échoit à l'officier municipal, M. Charron, chargé de transférer les cendres jusqu'à Paris. L'autre dent est donnée à Antoine François Lemaire, rédacteur au *Père Duchesne*, qui était lié au marquis de Villette. Il s'en fera faire un pendentif portant sur sa monture l'inscription suivante : « Les prêtres ont causé tant de mal à la terre... que j'ai gardé contre eux une dent de Voltaire. »

En fait de trophées dentaires, les amateurs de reliques n'eurent guère l'embarras du choix. Si l'on s'en tient à sa correspondance, Voltaire lui-même écrivait à son retour de Prusse : « J'ai apporté à Berlin une vingtaine de dents, il m'en reste à peu près six ! » Si deux d'entre elles furent volées à Romilly, c'est donc que sa mâchoire ne doit plus en comporter que quatre, ce qui devrait la rendre aisément identifiable !

Le 11 juillet 1791, Voltaire rejoint les deux premiers résidents du Panthéon, Mirabeau et Lepeletier de Saint-Fargeau.

Fidèle à son habitude, David imagine une cérémonie grandiloquente mais qui, contrairement aux précédentes, se déroule dans l'allégresse. Voltaire est mort depuis longtemps déjà, et qui plus est de sa belle mort, alors que les premiers occupants du Panthéon sont morts prématurément pour Mirabeau ou assassiné pour Lepeletier. Pour que ces obsèques méritent le qualificatif d'« apothéose », David accepte exceptionnellement l'aide d'un autre architecte : Célerier. *Le Moniteur* du 13 juillet décrit par le menu le scénario de cette coproduction : « Un char de forme antique portait le sarcophage dans lequel était contenu le cercueil. Des branches de lauriers et de chêne entrelacées de roses, de myrtes et de fleurs des champs entouraient et ombrageaient le char sur lequel étaient deux inscriptions : Si l'homme est né libre, il doit se gouverner. Et l'autre : Si l'homme a des tyrans, il doit les détrôner. » Le convoi tiré par douze chevaux blancs pris à la rêne et menés par des hommes vêtus de toges romaines fait d'abord un petit tour vers la Bastille. Il est accompagné de tout un attirail : bustes, portraits de Rousseau, de Mirabeau, de Voltaire, chaînes, boulets et cuirasses trouvés dans la Bastille, pyramides chargées de médaillons portant les titres de tous les ouvrages de Voltaire, statue d'or couronnée de lauriers, coffre-d'or renfermant soixante-douze volumes de ses œuvres.

Le cortège formé de dizaines de milliers de Parisiens circule de deux heures de l'après-midi à dix heures du soir, soit huit heures de déambulation à travers la capitale. Le corps fait une entrée provisoire au Panthéon où les travaux sont en voie d'achèvement, puis retrouve Mirabeau et Descartes à Sainte-Geneviève.

Vingt-deux ans plus tard, une nuit de mai 1814, un commando ultra-royaliste pénètre dans le Panthéon, ouvre les cercueils de Voltaire et Rousseau, subtilise leurs restes, les emporte dans des sacs de toile et les ré-inhume en pleine nuit quelque part près de la Halle aux vins à Bercy. L'un des profanateurs, M. de Puymorin, confessera cette profanation sur son lit de mort. « Une ouverture profonde était préparée au milieu de ce terrain vague et abandonné où d'autres personnages attendaient l'arrivée de l'étrange convoi de Voltaire et Rousseau ; on vida le sac rempli d'ossements sur un lit de chaux vive, puis on rejeta la terre par-dessus de manière à combler la fosse sur laquelle piétinèrent en silence les auteurs de cette dernière inhumation de Voltaire et Rousseau. Ils remontèrent ensuite en voiture, satisfaits d'avoir rempli, selon eux, un devoir sacré de royalistes et de chrétiens [1]. »

Les ossements de deux des plus grands philosophes français disparaissent définitivement sous de vulgaires barriques de vin.

1. « L'intermédiaire », cité par Avenel et La Bédollière, *op. cit.*

Bien qu'ils aient été délestés de leurs occupants, leurs deux cercueils sont déplacés le 29 décembre 1821. Charles X, frère de Louis XVIII, est alors roi de France et a rendu le Panthéon à sa vocation initiale, celle d'une église où l'on célèbre à nouveau des messes. L'Église catholique exige que les cercueils des philosophes soient transportés suffisamment loin du chœur pour que les officiants ne viennent pas à bénir les « restes de ces deux philosophes impies et révolutionnaires, leurs doctrines pernicieuses et leurs détestables ouvrages » (M. de Puymorin).

Les deux cercueils sont donc remisés dans les profondeurs d'une galerie où ils vont pourrir doucement jusqu'en 1830. Cette même année, ils sont rapatriés à nouveau dans les cryptes qui les abritaient initialement ; ce transfert fait l'objet d'un procès-verbal très détaillé, mais pas plus qu'en 1821 on ne songe à les ouvrir, puisque chacun sait qu'ils sont vides.

Il faut attendre encore près de soixante ans pour que l'on songe enfin à examiner leur contenu. Le 18 décembre 1897, une importante commission de recherche formée de conservateurs, d'universitaires et d'architectes se rend au Panthéon, afin de procéder officiellement à l'ouverture des cercueils. Il y a là M. Ledeschaux, architecte du Panthéon, MM. Hamel, Roujon et Grand-Carteret, qui président la commission des fouilles, Georges Cain, conservateur du musée Carnavalet, Jules Claretie, historien et journaliste, alors administrateur de la Comédie-Française ainsi que le célèbre chimiste et politicien Marcellin Berthelot (lui-même sera inhumé au Panthéon en 1907 en compagnie de son épouse au décès de laquelle il ne survivra qu'une heure à peine !).

De nombreux journalistes sont également présents comme Gaston Méry de *La Libre parole* ou G. Lenotre (encore lui !) qui est alors chroniqueur pour *Le Monde illustré.*

L'exhumation, chacun en est bien convaincu, ne devrait être qu'une simple formalité. Néanmoins, cent à cent cinquante personnes se massent devant l'entrée du Panthéon, argumentent à n'en plus finir et parient sur ce que l'on va trouver dans les cercueils des deux grands hommes : le vide, ou bien des gravats ? Une fois la commission de recherches réunie au grand complet, tout ce petit monde descend dans la crypte. C'est la bousculade, des agents de police doivent s'interposer pour ramener l'ordre. La foule nombreuse et impatiente s'entasse dans une galerie puis attend longuement.

Déjà le jour baisse quand enfin un ouvrier muni d'une lanterne ouvre la porte de la chapelle où se trouve le cénotaphe de Voltaire. On soulève le sarcophage, puis on ouvre le cercueil à coup de marteau. La tension monte, les coups portés sur le bois résonnent dans les couloirs de la crypte dans un silence lugubre et angoissant. À mesure que l'ouvrage des ouvriers progresse, la foule compacte s'agglutine devant le cercueil dont sont bientôt dégagées les planches arrachées. Soudain, « Un cri : "Il y est !" De fait, au fond du cercueil, étendu sur une sorte de litière de poussière brune, il y a un squelette noirâtre, désarticulé, épars... M. Berthelot [...] s'incline sur le cercueil béant et, comme on retire un objet d'une malle, en extrait un crâne auquel adhèrent encore des bribes de peau fripée. Il l'élève de la main gauche, au-dessus de sa tête, tandis que, de la droite, il l'éclaire avec la lanterne. C'est un spectacle fantastique et macabre. Le crâne semble, sous les rayons de la lueur jaune et falote, prendre vie et ricaner. D'instinct, nos regards comparent cette grimace d'outre-tombe, au faciès émacié et railleur de la statue de Houdon... C'est la même expression, avec je ne sais quoi de plus aigu et de plus satanique. On songe irrésistiblement aux vers de Musset : Dors-tu content, Voltaire, et ton hideux sourire. Voltige-t-il encor sur tes os décharnés ? »

Ce récit de Gaston Méry est complété comme suit par celui de G. Lenotre : « Au fond de la boîte restent les os décharnés : ils forment un petit tas, perdu dans une sorte d'amadou noir et de brindilles, restes probables des fleurs de la pompe funèbre de 1791. »

S'interrogeant sur l'effet que susciterait en Voltaire le spectacle de cette foule irrespectueuse, il ajoute : « Avant qu'il secouât le vieil arbre des croyances, qui donc eût osé s'immiscer ainsi dans les secrets de la mort et se pencher, gouailleur, au-dessus d'un cercueil béant ? » En somme, Voltaire ne fait d'après lui que recevoir la monnaie de sa pièce.

À la nuit tombée, on procède à la même opération sur le cénotaphe de Jean-Jacques Rousseau situé dans une chapelle voisine. Nouvelle cohue, nouvelle minute de silence quand les ouvriers portent des coups de marteau sur le cercueil de plomb crevassé. Les gardiens de la paix sont impuissants, dans la pénombre, à canaliser les impatiences ; ils menacent de faire évacuer la crypte et de limiter aux seuls membres de la commission l'accès au cénotaphe. La cohue et le brouhaha s'apaisent alors quelque peu. Le cercueil est ouvert, la dépouille de Jean-Jacques Rousseau est bien là : « Les bras repliés sur la poitrine, les pieds croisés, la tête un peu inclinée sur la gauche. Quelques restes de vêtements ont subsisté [...] et le contraste est frappant entre l'attitude reposée et calme de l'Homme de la nature et le désordre de la dépouille de Voltaire, qui semble s'être agité encore dans son sommeil [1]. »

Comment aurait-il pu en aller autrement alors que le corps du malheureux Voltaire avait été victime de toutes sortes de larcins post mortem ? Certes, la dépouille de Rousseau fut également brinquebalée depuis l'île des peupliers à Ermenonville, où elle reposait, jusqu'au Panthéon. L'auteur des *Confessions* était mort le 27 juillet 1778, c'est-à-dire tout juste trente-quatre jours après Voltaire. Les Parisiens, estimant peut-être qu'ils avaient passé suffisamment de temps à défiler derrière des convois funèbres entre 1791 et 1794, avaient donc eu « leur dose d'apothéose », aussi l'hommage rendu à Rousseau le 11 octobre 1794 s'en trouva-t-il quelque peu affadi. Mais au moins sa dépouille eut-elle le privilège de demeurer intacte, intouchée, aucun ossement n'en fut prélevé. Au palmarès de la relique profane, Rousseau

1. *Le Monde illustré*, décembre 1897.

fit un flop ! Mais cette désaffection lui permit par la suite de bénéficier d'un dernier sommeil de tout repos, tandis que Voltaire depuis le purgatoire, l'enfer ou le paradis, ne pouvait que protester furieusement du morcellement dont il faisait l'objet.

En examinant méticuleusement le crâne de Rousseau, l'un des témoins de l'exhumation repère une perforation près de la tempe gauche. Vient-il de trouver la preuve que le philosophe s'est suicidé, ce dont le bruit court encore ? Berthelot lui fait remarquer que « Cette perforation n'a pas été produite, comme on pourrait le croire, par une balle de pistolet. C'est, vraisemblablement, pendant l'autopsie, qu'elle a été pratiquée, pour l'ouverture de la boîte crânienne ». Rousseau ne se serait donc pas tiré une balle dans la tête, la preuve en est faite, mais cela ne signifie pas pour autant qu'il ne se soit pas suicidé. Un certain nombre d'écrivains, au rang desquels Mme de Staël, affirment qu'il mit fin à ses jours en absorbant du poison. Il serait très facile d'en avoir le cœur net en analysant ses restes. Cela permettrait, en outre, d'ajouter une boisson supplémentaire à notre liste des « derniers breuvages avant décès », argument décisif en faveur d'une ultime exhumation du philosophe.

Après avoir assisté à l'ouverture des deux cercueils, un certain Bouchot confie à Lenotre tout en descendant le boulevard Saint-Michel : « Je ne donnerais pas ma journée pour cinq cents francs ! »

Et l'auteur de ces lignes donnerait volontiers dix fois plus pour revivre ce même moment aujourd'hui !

Le coup de théâtre du 18 décembre 1897, qui accompagna l'ouverture des deux cénotaphes semble ne pas avoir marqué les mémoires puisque des livres publiés de nos jours affirment encore que les restes de Voltaire et Rousseau achèvent de se dissoudre dans le sol, quelque part du côté du Palais Omnisport Paris-Bercy. Or, nous avons vu qu'ils n'avaient jamais quitté le Panthéon depuis la Révolution se contentant de quelques migrations d'un couloir ou d'une crypte à l'autre.

En 1791, alors même que Voltaire entre au Panthéon, le trésor de Saint-Sulpice (église dont on a vu que le curé, M. de Tersac, eut une grande responsabilité dans les mésaventures posthumes du philosophe) est caché dans sa chambre mortuaire.

Cent cinquante ans plus tard, Saint-Sulpice rendait la politesse au philosophe en accueillant dans sa crypte pendant toute la durée de l'occupation le *Voltaire assis* de Houdon, pour éviter sa confiscation par les Allemands. Le trésor de Saint-Sulpice chez Voltaire et la statue de Voltaire à Saint-Sulpice... qui l'eût cru ? Peut-être cet ami de Voltaire qui, se promenant un jour avec lui, vit le philosophe saluer respectueusement le prêtre que tous deux venaient de croiser en chemin. Interloqué, cet ami demanda à Voltaire s'il s'était enfin réconcilié avec Dieu. Le philosophe lui aurait répondu : « Nous nous saluons, mais nous ne nous parlons pas ! »

INVENTAIRE DU SQUELETTE DE VOLTAIRE

Manquent :

- Cœur
- Cerveau
- Entrailles
- 2 dents
- Un calcanéum

Le petit musée Alphonse Allais constitué par une pharmacie d'Honfleur expose le « crâne de Voltaire enfant » !

INVENTAIRE DU SQUELETTE DE ROUSSEAU

Au grand complet !
Moins un trou dans la calotte crânienne.
Présence de poison dans les entrailles ?

Napoléon

Toutes sortes de rogatons organiques que l'on croyait inertes, muets pour l'éternité et dont on considérait la conservation comme l'apanage exclusif de collectionneurs fétichistes, ont progressivement retrouvé une actualité brûlante grâce aux progrès de la science. Certaines des plus grandes énigmes de l'histoire ont pu être élucidées par l'application à ces restes humains de techniques scientifiques nouvelles. Ainsi la technique anthropométrique de « reconstitution faciale » : elle permet, à partir d'un crâne, de retrouver le visage de l'individu tel qu'il était de son vivant. Dès la dernière moitié du XIXe siècle, un certain Welker reconstitua le visage de Raphaël et de Kant tandis qu'un nommé Hiss utilisait en 1895 les mesures moyennes d'épaisseur de la peau d'une trentaine de cadavres pour reconstituer le visage de Jean-Sébastien Bach dont le crâne avait été exhumé à la cathédrale Saint-Jean de Leipzig.

En la matière, il y a tout lieu de se réjouir puisque la méthode la plus récente et la plus perfectionnée de reconstitution faciale, dite « DMP », a été mise au point en 1986 par trois anthropologues français, dont l'un, Claude Mallet, a même créé une branche nouvelle, la « myostéonomie », qui consiste à établir les liens entre l'importance fonctionnelle d'un muscle, ses insertions osseuses et les traits du visage. On est bien loin désormais d'un Richer tentant au petit bonheur la chance d'encastrer le crâne de Descartes dans un buste en trois dimensions !

En 1977, l'archéologue grec Manolis Andronicos fouille sur le site de Vergina une tombe inviolée que l'on s'accorde à considérer comme celle de Philippe II, père d'Alexandre le Grand. Andronicos fait réaliser des moulages des fragments de boîte crânienne retrouvés dans la tombe. Le crâne une fois reconstitué, la cavité orbitale droite présente une lésion qui ne peut avoir été causée que par un projectile venu d'en haut. Or, un chroniqueur de l'Antiquité rapporte que Philippe avait eu l'œil droit crevé par une flèche pendant le siège de Méthone et les portraits que l'on a de lui montrent effectivement qu'il était borgne. Il est donc à peu près certain que l'archéologue a bien découvert à Vergina la tombe de Philippe II. Le crâne fait alors l'objet d'une reconstitution faciale dont le spectacle est bouleversant, car derrière le visage du monarque macédonien, c'est celui d'Alexandre le Grand que l'on devine ! Plus récemment, les médias se sont fait abondamment l'écho des reconstitutions faciales du grand savant

Copernic mais aussi de celle de l'inconnu dont le crâne a été retrouvé sous l'épave de l'un des navires de Lapérouse, échoué sur le massif corallien de Vanikoro. Enfin, en janvier 2005, une équipe de radiologues égyptiens a réalisé la première image numérique de synthèse du visage de Toutankhamon. Ces spécialistes sont tombés à peu près d'accord sur sa physionomie, à l'exception de la forme des oreilles et du nez dont l'apparence suscite encore quelques débats. Ils ont également conclu que le pharaon mort à dix-neuf ans avait été victime non pas d'un coup sur la nuque, comme on l'avait longtemps prétendu, mais d'une blessure à la jambe gauche qui s'était gangrenée. On se prend à rêver d'une application de ces techniques les plus récentes aux différents crânes dont on a suivi jusqu'ici les mésaventures : ceux de Descartes, Sade, Cartouche, Lacenaire, Boileau, Richelieu, Charlotte Corday. Qui verrait-on apparaître, une fois l'opération réalisée sur le crâne du squelette de Cadoudal ? Un parfait inconnu ? Peut-être même une femme ? Après tout, n'a-t-on pas découvert en 2003 que la momie de Néfertiti ne serait pas celle d'une femme mais d'un homme ? « La largeur des hanches indique que c'est un garçon, pas une fille », ont affirmé certains égyptologues.

À côté de la reconstitution faciale, de l'imagerie de synthèse, de la toxicologie, de la bactériologie, de la virologie et de la radiographie (il y a trente ans, c'est la radiographie qui permit d'affirmer que Ramsès II n'avait pas de prothèse dentaire, contrairement à ce qu'affirmaient des publicités pour dentifrices !), c'est évidemment à la génétique que l'on doit la résolution récente des plus grandes énigmes de l'histoire : l'expertise de l'ADN mitochondrial (c'est-à-dire transmis par la mère) du cœur de Louis XVII a permis d'établir avec certitude que le dauphin est bien mort à la prison du Temple et que Naundorff qui se fit passer pour lui était bel et bien un imposteur. C'est encore l'expertise d'échantillons d'ADN qui a prouvé que tous les membres de la famille impériale russe étaient bien morts à Ekaterinbourg, en juillet 1918, fusillés par les Bolcheviks. Anna Manahan Anderson qui se fit toute sa vie passer pour Anastasia, l'une des filles de Nicolas II, n'était finalement pas une Romanov. C'est enfin l'expertise comparée de l'ADN de Christophe Colomb (dont il vient d'être prouvé que la dépouille se trouvait bien à Séville et non en République dominicaine) avec celui de plusieurs dizaines d'hommes portant aujourd'hui un patronyme approchant, qui devrait permettre de déterminer si le plus grand explorateur de l'histoire était originaire de Gênes, en Italie, de Catalogne en Espagne ou peut-être même du Roussillon en France.

Malgré toutes ces techniques nouvelles, il est cependant une histoire mystérieuse dont on ne connaîtra probablement jamais le fin mot, bien qu'elle concerne l'un des plus grands morts de l'histoire de l'humanité, car son cercueil est scellé à jamais. Ce personnage illustre dont la mort a suscité le plus de commentaires et de controverses et dont l'analyse du moindre débris organique est réclamée quotidiennement à cor et à cris par des dizaines d'associations est évidemment Napoléon Ier. On a coutume de dire que sont parus autant de livres à son propos que se sont écoulés de jours depuis sa mort et qu'il n'est pas une capitale au monde qui ne possède son musée Napoléon. Quand on saisit les termes « *Napoleon death* » sur le principal moteur de recherche du Web, on obtient le résultat spectaculaire de 9 510 000 pages ! Certes, la même recherche appliquée à Jésus donne le résultat plus impressionnant encore de 44 300 000 pages. La mort du Christ l'emporte donc haut la main sur celle de Napoléon dans l'intérêt des surfeurs. Mais personne ne semble être en mesure de capitaliser un score suffisant pour pouvoir s'immiscer entre l'Empereur et le fils de Dieu, ce qui n'est sans doute pas pour déplaire aux mânes de Laetitia Bonaparte qui se montrait toujours si fière de son impérial rejeton. Signalons au passage que l'inégalité régnant outre-tombe se prolonge aussi sur Internet puisque « *Ramses death* » obtient 556 000 pages tandis que Cadoudal stagne à 800 !

Non seulement la mort de Napoléon a donné lieu à la saisie de millions de pages sur Internet, à la rédaction de milliers de livres, à la réalisation de centaines d'émissions de télévision et de films mais, fait unique, elle a aussi suscité la naissance de différentes « écoles » : selon les termes de l'historien Jacques Macé, il convient en effet de distinguer l'école « empoisonniste » et l'école « substitutionniste ». L'école empoisonniste se subdivise en trois familles : la première affirme que Napoléon a été empoisonné par les Anglais, la seconde soutient que son assassin fut le général de Montholon compagnon d'exil de l'empereur à Sainte-Hélène, mandaté par les Bourbons. La troisième désigne également Montholon, mais le général aurait agi à la fois par intérêt et par amour pour son épouse Albine qu'il souhaitait retrouver au plus vite en Europe. Les porte-drapeaux les plus éminents de cette famille « empoisonniste » sont le stomatologiste suédois féru de toxicologie Sten Forshuvfud, aujourd'hui disparu, le Canadien Ben Weider et le professeur René Maury qui tous ont publié des livres accréditant les différentes thèses qui viennent d'être évoquées.

Pour l'école substitutionniste, ce n'est pas Napoléon qui repose dans le sarcophage de porphyre rouge des Invalides mais son valet de chambre corse Cipriani. Les Anglais auraient exhumé le corps de Napoléon en 1824 ou 1825 et l'auraient ensuite inhumé à Londres, sous une dalle de l'abbaye de Westminster. Pour quelle raison ? Une nouvelle manifestation de leur passion pour les restes de Français illustres ? Assurément non ! Ayant empoisonné l'Empereur, les Anglais voulaient tout simplement éviter que l'on puisse un jour faire la preuve de leur culpabilité en expertisant la dépouille de leur victime. Le corps de Cipriani a donc été substitué à celui de Napoléon, revêtu de son uniforme de colonel des Chasseurs de la Garde, paré de ses décorations et inhumé en ses lieu et place.

D'autres tenants de l'école substitutionniste considèrent eux, que Cipriani et Napoléon ont échangé leur place de leur vivant ce qui permit à l'Empereur de fuir aux États-Unis (c'est la thèse du film *Monsieur N* réalisé par Antoine de Caunes), en Australie, ou même encore en Autriche où il aurait pris le risque de se rendre pour retrouver son fils.

De la définition des deux écoles en présence, on peut déduire en toute logique qu'il est tout à fait possible d'être en même temps empoisonniste et substitutionniste : Napoléon est empoisonné par les Bourbons (école empoisonniste) puis enterré à Londres et remplacé par Cipriani (école subsitutionniste). D'autres intéressantes combinaisons de ce type sont évidemment envisageables.

On peut même s'aventurer avec audace à suggérer que Napoléon mourut tout simplement de mort naturelle et repose bel et bien aux Invalides. Mais voilà qui serait trop simple et priverait le lecteur des charmes d'un autre débat tout aussi enflammé. En effet, que faut-il entendre par « mort naturelle » ? Napoléon est-il mort comme son père d'un cancer à l'estomac, d'un ulcère en voie de cancérisation, d'une hépatite, d'une syphilis gastrique, d'une tumeur de l'hypophyse, d'un ulcère gastrique chronique assorti d'une tuberculose ou d'une maladie cardiaque ? Chaque diagnostique a ses partisans et ses détracteurs, chaque praticien, ayant eu en mains le rapport d'autopsie de l'Empereur par Antommarchi, proposant sa lecture personnelle du document en question.

Mais, pour l'amateur de reliques, ce sont moins les circonstances de la mort de l'Empereur qui sont intéressantes que le traitement dont sa dépouille fit l'objet par la suite : on se contentera donc d'évoquer brièvement la thèse de l'empoisonnement pour se concentrer essentiellement sur les diverses reliques de Napoléon, leur lieu actuel de conservation et les polémiques auxquelles elles donnent encore lieu de nos jours.

Jérôme Bonaparte, frère cadet de Napoléon, se plaisait souvent à dire qu'avec toutes les mèches de cheveux de son frère en circulation, il aurait été possible de confectionner une immense carpette ! S'il est vrai que l'on eût été bien en peine en son temps de déterminer si oui ou non une mèche de cheveux de l'Empereur était authentique, il n'en demeure pas moins que distribuer ses propres cheveux était à l'époque chose des plus courantes, de sorte que la profusion de « mèches impériales » n'est finalement pas si suspecte. Des cheveux de Napoléon, il y en a partout, même chez ses plus grands adversaires, au premier rang desquels les Anglais. L'ambassade de Grande-Bretagne à Paris, rue Saint-Honoré, ancien hôtel particulier de Pauline Bonaparte, princesse Borghèse, possède sa mèche de cheveux de l'Empereur exposée sous un globe de verre, posé sur un coin de commode. Sur ce même meuble, un réceptacle équivalent présente une mèche de cheveux de Wellington. Deux siècles après Waterloo, qui les vit s'opposer sur le champ de bataille, les deux grands chefs de guerre se côtoient donc par reliquaires interposés dans un étrange face à face capillaire.

La libéralité manifestée par Napoléon dans la dispersion de sa propre chevelure va se révéler un précieux atout au service de la thèse empoisonniste.

En effet, disposer de mèches coupées à différentes époques permettra de comparer le taux d'arsenic contenu par chacune d'entre elles et de déterminer ainsi si oui ou non ces taux augmentent significativement à compter du séjour de Napoléon à Sainte-Hélène. Encore faut-il préciser le type d'arsenic que l'on entend doser. Seul l'arsenic endogène, qui passe dans le tissu capillaire par la circulation du sang empoisonné, intéresse les chercheurs. L'arsenic exogène, qui lui se trouve sur le cuticule du cheveu, c'est-à-dire à l'extérieur, n'est pas significatif. D'abord parce que tout le monde a de l'arsenic dans les cheveux, en quantité infinitésimale, et d'autre part parce qu'au XIXe siècle, il était encore d'usage de saupoudrer les mèches de cheveux d'arsenic pour les conserver plus longtemps. C'est d'ailleurs pour cette raison que les laboratoires, avant d'envisager un quelconque dosage, procèdent au lavage des cheveux à analyser pour évacuer l'arsenic dont ils auraient pu être saupoudrés.

D'où vint l'idée de procéder à de telles analyses ? Le Suédois Forshuvfud, en lisant le journal de Marchand, le valet de Napoléon – journal publié seulement en 1955 –, a la conviction que le domestique avait identifié sans le savoir chez l'Empereur tous les symptômes d'un empoisonnement à l'arsenic. À sa suite, Ben Weider reprend le flambeau : il constate que Napoléon présente vingt-huit des trente-trois symptômes de l'empoisonnement arsenical chronique. Les médecins lui opposent l'absence chez Napoléon de deux des symptômes les plus significatifs de cette pathologie, à savoir les « bandes de Mees », rayures longitudinales sur les ongles et la « mélanodermie », c'est-à-dire une peau prenant une teinte gris ardoise. Mais cela ne déstabilise en rien René Maury. Dans son livre *L'Assassin de Napoléon*, il décrit la stupéfaction des quarante témoins présents le jour de l'exhumation de l'Empereur. Tous ceux qui avaient connu Napoléon furent bouleversés par l'état de conservation de sa dépouille, pourtant inhumée dix-neuf ans auparavant. Or, quel est précisément le produit utilisé par les taxidermistes pour ses vertus de conservation des tissus ? L'arsenic, bien sûr ! CQFD.

« Aberrant ! » allaient bientôt répondre les substitutionnistes. Le malaise que fit le général Gourgaud, compagnon d'armes de l'Empereur, à l'ouverture du cercueil n'était pas un choc émotionnel, lié à l'état exceptionnel de la dépouille, mais à la surprise d'avoir reconnu Cipriani ! Mais alors toutes les personnes présentes auraient menti en prétendant avoir reconnu Napoléon ?

L'historien Jacques Macé conteste également la théorie de l'arsenic en invoquant la médecine moderne : pour que le poison soit à l'origine du bon état de conservation du corps, il aurait fallu que celui-ci en soit imprégné de quantités considérables. En réalité, c'est un processus de « saponification en l'absence d'air » (transformation des chairs en adipocire) qui a donné les caractéristiques de l'embaumement à la dépouille pourtant non embaumée de Napoléon.

Ne pouvant accéder au corps pour prouver leur théorie, empoisonnistes et substitutionnistes se sont mis en quête de cheveux. En la matière, de même que la cocarde tricolore du chapeau porté par Napoléon à Austerlitz n'a pas la même valeur historique, ni la même valeur vénale que la cocarde épinglée au chapeau qu'il portait à Waterloo, il existe une hiérarchie entre ses mèches de cheveux. Les cheveux appartenant à cinq mèches célèbres jugées authentiques ont été retenus pour subir des examens : d'abord, la mèche dite « Noverraz », du nom du fidèle domestique qui rasa entièrement Napoléon le lendemain de sa mort pour qu'Antommarchi puisse réaliser le masque mortuaire. À son retour en Suisse, il offrit quelques-uns de ces cheveux à la ville de Lausanne. Contre toute apparence, la mention par Noverraz et Antommarchie du rasage intégral de l'Empereur est un élément capital de la thèse substitutionniste : en effet, le corps inhumé en 1821 est chauve et glabre alors que le corps exhumé en 1840 a de la barbe et suffisamment de cheveux pour que l'on puisse en prélever une mèche ! Une nouvelle preuve que ce n'était pas l'Empereur ?

Deuxième mèche : celle qui fut donnée par Napoléon lui-même le 16 mars 1818 à la jeune Betsy Balcombe, une adolescente dont il s'était entiché. Puis viennent la mèche de 1817, donnée à l'amiral britannique sir Pulteney Malcom, celle du 1er janvier 1816, venant du commandant John Teed qui la tenait lui-même de Mme Bertrand et enfin une cinquième mèche que possédait le général Bertrand, compagnon de captivité de l'Empereur. Les cheveux expertisés jusqu'à ce jour proviennent de ces différentes mèches « historiques », mais il faut garder en tête les considérations de Jérôme Napoléon sur la fameuse carpette en cheveux de l'Empereur. Les reliquaires et médaillons qui en contiennent sont véritablement légion.

La médecine moderne permettrait évidemment de savoir si tous appartiennent bien à Napoléon : encore faut-il pour cela qu'ils aient encore leur bulbe, car c'est précisément dans le bulbe que se trouve l'ADN.

Ces cheveux shampouinés, débarrassés de leur arsenic exogène, vont être bombardés de neutrons thermiques à l'intérieur de réacteurs nucléaires afin de réactiver la radioactivité de l'arsenic qu'ils contiennent. Ils seront examinés par tous les laboratoires possibles (Grenoble, Saclay, Lausanne, Glasgow, Munich) et même par des toxicologues et autres chercheurs du FBI. Toutes ces analyses confirmeront d'ailleurs des taux d'arsenic endogène très supérieurs à la moyenne.

On tente alors d'en expliquer l'origine : cela viendrait-il des pigments contenus dans le papier peint, ou même de la colle utilisée pour le poser ? Pourquoi pas ; mais cinquante à soixante-dix personnes vécurent à Longwood, maison attribuée à Napoléon par les Anglais, sans présenter le moindre symptôme d'un empoisonnement arsenical. Une mèche de cheveux d'Albine de Montholon qui fut la maîtresse de l'Empereur pendant sa captivité a été analysée en l'an 2000. Son taux d'arsenic est parfaitement normal.

L'eau de Sainte-Hélène contenait-elle de l'arsenic ? Analysée à la demande de Forshuvfud dans les années soixante, elle ne présentait aucune particularité de ce type. L'origine de cet arsenic serait-elle la combustion du bois ? Après tout, nul n'ignore que Napoléon, très frileux, exigeait que la cheminée fonctionnât en permanence ? Mais, là encore, il n'aurait pas été la seule personne touchée. Aucun des médicaments prescrits à l'Empereur ne contenant d'arsenic, ne restait plus que l'hypothèse de la mort aux rats.

Selon René Maury, il n'y a aucun doute, Montholon aurait régulièrement empoisonné à coup de mort aux rats le vin réservé à Napoléon, un vin de Constance très proche de son vin préféré le Gevrey-Chambertin. Montholon en faisait venir d'Afrique du Sud, et comme il était très cher, seul l'empereur en buvait.

En tant qu'intendant de Longwood, Montholon le mettait en bouteille et avait également la haute main sur les réserves d'arsenic utilisé pour éliminer les rats. Le général ne voulait pas tuer Napoléon mais accélérer la détérioration de son état pour que les Anglais soient contraints de le rapatrier, et la colonie française à sa suite. De retour en France, Montholon rejoindrait enfin sa chère Albine, partie de Sainte-Hélène depuis de longs mois déjà. Il persistait à l'aimer comme un fou quoiqu'elle eût été la maîtresse de l'Empereur lors de son séjour sur l'île. Albine aurait même donné une fille à Napoléon : Joséphine, née le 26 janvier 1818 et morte en très bas âge. Le portrait que l'on a d'elle ne laisse aucune part au doute : elle est la copie conforme en layette de son impérial géniteur. Dans les lettres quotidiennes qu'il adresse à sa femme, jamais Montholon ne demandera de ses nouvelles, alors qu'il en sollicite régulièrement de ses autres enfants.

René Maury apporte une autre preuve décisive à l'appui de sa démonstration : Albine de Montholon avait pour livre de chevet à Longwood un exemplaire de la célèbre série « Les Causes célèbres » consacrée à la Brinvilliers et la fameuse affaire des poisons. Or, la Brinvilliers empoisonna précisément une trentaine de personnes avec des quantités infinitésimales d'arsenic, appelé également « poudre de succession », et l'ouvrage donnait toutes sortes de précisions sur la façon d'utiliser ce poison. L'auteur de *L'Assassin de Napoléon* n'a pas inventé ce détail, c'est le général Gourgaud qui le raconte dans ses mémoires.

Inutile de préciser que chacun des éléments de cette thèse empoisonniste est réfuté un par un par d'autres auteurs, aux premiers rangs desquels les plus éminents universitaires spécialistes de l'Empire.

Mais Maury ne désarme pas. Napoléon aurait absorbé régulièrement d'infimes quantités d'arsenic qui, combiné avec le calomel, médication que lui administrait Antommarchi, devint le poison puissant qui finira par le tuer ; et ceci d'autant plus sûrement qu'il buvait par ailleurs des litres de sirop d'orgeat. Or, le calomel associé à l'arsenic et à l'orgeat, qui contient de l'acide prussique, donne du cyanure de mercure provoquant une foudroyante corrosion de l'appareil digestif. On a d'ailleurs indéniablement retrouvé du cyanure à très faible dose dans les cheveux analysés. Montholon se serait donc finalement rendu « coupable d'homicide par imprudence ayant entraîné la mort sans intention de la donner[1] ».

Si les études les plus récentes, menées par le Dr Pascal Kintz, président le l'Association internationale des toxicologues de médecine légale, confirment bien une présence massive d'arsenic dans les cheveux de Napoléon, ce poison n'a cependant pas pu à lui seul déclencher la mort. En d'autres termes, il y aurait bien eu intoxication et non empoisonnement et dégradation générale de l'organisme et non décès causé par l'arsenic. La présence du poison est établie, sa provenance le sera-t-elle jamais ?

En matière de reliques napoléoniennes, les cheveux sont donc « la » grande affaire. Les salles des ventes en proposent assez fréquemment pour un prix oscillant entre 3 000 et 5 000 euros selon leur taille, l'époque à laquelle ils ont été coupés, la personne à laquelle ils ont été offerts. Leur authenticité comme leur dosage en diverses substances déclenchent régulièrement des ouragans dans le Landerneau impérial.

Avant de passer aux autres reliques constituées à partir du corps de l'Empereur, il faut par avance apaiser l'indignation de ceux que choquerait cette mise en pièces. Car l'Empereur se doutait probablement que tout ce qui touchait sa personne ferait l'objet d'un véritable culte après sa mort et lui-même appréciait les reliques : en 1804, il reçut en cadeau

1. *L'Énigme Napoléon résolue*, R. Maury.

de l'évêque d'Aix-la-Chapelle le fameux talisman de Charlemagne, cadeau du calife Haroun al-Rachid. Ce bijou en or, émeraude, perles et saphirs contenait une épine de la vraie Croix. L'impératrice Joséphine possédait, quant à elle, des cheveux de la Vierge que Charlemagne en son temps portait toujours sur lui et un os du bras droit du vieil empereur. Toutes ces reliques passèrent, par héritage, dans les mains d'Hortense, d'Eugène et de Napoléon III.

L'autopsie de Napoléon est pratiquée par Antommarchi le 6 mai 1821, en présence de sept médecins britanniques et de nombreux témoins. Le corps a été allongé sur un billard. Avant de procéder à son ouverture, le médecin corse ne résiste pas à l'envie de jouer les phrénologues : « Je fus curieux de faire à ce grand homme l'application du système craniologique des docteurs Spurzheim et Gall. » Très perspicace, il identifie en tâtant la boîte crânienne de Napoléon les organes des conquêtes, de l'ambition, de l'amour, de la gloire, de l'individualité, du calcul et... de la bienveillance. Après quoi, il demande à observer le cerveau ce qui lui est refusé par le gouverneur britannique Hudson Lowe. Antommarchi poursuit donc l'opération et raconte : « Le cœur et l'estomac ont été prélevés et mis dans un vase d'argent rempli d'esprit-de-vin. Je réunis ensuite les parties séparées, les assemblai par une suture. » En fait, le cœur fut d'abord mis dans une soupière, mais ce détail manquait probablement trop de panache pour être appelé à figurer dans le compte rendu. Napoléon avait d'ailleurs demandé à ce que son cœur soit adressé à son épouse Marie-Louise, à Parme où elle s'était installée, souhait qui ne fut pas respecté. L'ex-impératrice aurait d'ailleurs probablement remisé l'urne ou le coffret au grenier ou à la cave, car elle coulait des jours heureux dans les bras de l'insignifiant Neipperg et ne voulait plus entendre parler ni de son premier mari, ni même de son fils. Quoi qu'il en soit, avant d'envisager de remettre le cœur à quiconque, encore fallait-il le conserver. N'a-t-on pas en effet prétendu que le cœur de Napoléon aurait été mangé par les rats et qu'on lui aurait substitué un cœur de mouton ?

L'autopsie de l'Empereur a fait l'objet d'un compte rendu très précis établi par Antommarchi, mais aussi de nombreux récits rédigés par la suite par toutes les personnes présentes. Les différents diagnostiques fondés sur ce compte rendu ayant déjà été évoqués, on précisera seulement, ici, qu'en plus de ces divers témoignages il reste un acteur essentiel de cette opération : non pas le billard, comme aurait pu le laisser supposer la mention dans un autre chapitre de la baignoire de Marat, mais la trousse contenant le matériel chirurgical utilisé au cours de l'autopsie. Elle est exposée au musée d'Histoire de la médecine, rue de l'École de Médecine dans le Quartier latin, mise en valeur dans une vitrine particulière au même titre que l'étrange bistouri dont se servit le chirurgien Charles François Félix pour opérer la fistule anale de Louis XIV !

Entre deux considérations aussi crues que vexantes sur les mensurations et l'apparence de l'appareil génital de l'Empereur, Antommarchi escamote dans son grand tablier deux fragments de côte qu'il donne à l'abbé Vignali, prêtre qui a administré les derniers sacrements à l'Empereur, et à un certain Coursot, « chargé de bouche ». Un morceau de côte aussi bien pour l'ecclésiastique que pour le cuisinier ?

Dans la foulée, le médecin subtilise deux fragments d'intestin qu'il donnera bien plus tard, à l'occasion de son passage à Londres, au médecin anglais Barry O'Méhara.

En 1927, un certain docteur Leriche, en visite à Londres, aurait vu ces morceaux d'intestin : « Le président du Royal College of Surgeons [...] chercha dans sa poche une petite clef attachée à une chaînette et ouvrit un étroit coffre-fort enchâssé dans le mur. Il y prit un bocal de verre dans lequel, sans étiquette, sans la moindre indication d'origine, était dressé sur une plaque de verre un fragment d'intestin grêle. [...] C'est, me dit le président, l'intestin grêle de Napoléon. Comment, il n'est donc pas mort d'un cancer de l'estomac ? L'Angleterre l'a fait dire et laissé dire[1]. »

Pendant la Seconde Guerre mondiale, des bombardements anéantissent le musée du Collège royal de Chirurgie où se trouve l'intestin de Napoléon. Chose étrange, un autre médecin, Jean-Louis Lortat Jacob, prétendra avoir vu ces lames de verre dans ce même collège en 1948. Du coup, le docteur Lemaire, docteur en Histoire et en Médecine ayant participé très activement à la contestation de la thèse empoi-

1. « Souvenirs de ma vie morte », cité par J.F. Lemaire dans *Autour de « l'empoisonnement » de Napoléon.*

sonniste, interroge en 1980 sir Alan Parks, le président du Collège, pour savoir si le musée a oui ou non été anéanti dans un bombardement en 1941. La destruction complète de l'édifice lui est confirmée.

Peut-être quelques facétieux carabins continuèrent-ils longtemps après la fin de la guerre à montrer un fragment d'intestin inconnu au bataillon en prétendant que c'était celui de l'empereur Napoléon ? Après tout, les visiteurs du Musée d'anatomie pathologique Dupuytren, à Paris, interrogent bien systématiquement la gardienne des lieux sur l'emplacement de la prostate du général de Gaulle ! Tout cela, simplement parce que la prostate exposée viendrait effectivement de l'hôpital où fut opéré le Général.

Dans la typologie des « morceaux d'empereur » qu'il a établie, le docteur Jean-François Lemaire cite également « Un morceau de pénis de Napoléon, lui aussi donné à l'abbé Vignali et qui aurait été acheté chez Christie's par le docteur John. K. Lattimer urologue américain qui le conserverait depuis dans un coffre du Colombia Presbyterian Hospital de New York ».

Quelle fut la mise à prix de ce morceau de choix et jusqu'où montèrent les enchères ? N'est-il pas préférable de jeter un voile pudique sur des réponses susceptibles de froisser notre sensibilité nationale ? Bien au contraire, affrontant avec courage la réalité du marché international de la relique en 1969, année de la mise en vente du précieux organe chez Christie's, on n'hésitera pas une minute de plus à dévoiler que l'urologue américain John Kinsley Lattimer l'aurait payée à l'époque trente-huit mille euros. Trente-huit ans plus tard, le « sexe impérial » a dû prendre beaucoup de valeur. À titre de comparaison, il se trouve qu'une dent de l'Empereur dont on avait totalement perdu la trace a récemment refait surface pour être mise en vente.

Le docteur Barry O'Méhara aurait lui-même extrait cette canine supérieure droite de la mâchoire de l'Empereur en 1817. Des années plus tard, il en aurait fait cadeau au général Maceroni, aide de camp du roi de Naples. Le propriétaire qui s'en est défait en novembre 2005, la détenait depuis 1956. Pour une raison que l'on ignore, il a donc souhaité s'en débarrasser soudainement alors qu'il la conservait depuis plus d'un demi-siècle. Peut-être ses héritiers ont-ils été plus émus par la valeur vénale de la relique que par sa valeur historique ? Quoi qu'il en soit, la canine a été mise en vente le 10 novembre 2005 à Wilthire, dans le sud-ouest de l'Angleterre. On estimait que son prix pourrait atteindre 12 000 euros, elle a finalement été adjugée pour près de 20 000. À titre de comparaison, la bourse de tissu vert que portait sur lui l'amiral Nelson le jour de sa mort, réticule taché de son sang, s'est vendue 423 000 euros en 2002, soit plus de vingt fois plus que la dent de son adversaire à Trafalgar. Ainsi, deux siècles après avoir ridiculisé la flotte franco-espagnole en Méditerranée, Nelson infligeait une nouvelle humiliation posthume à Napoléon, dans la salle des ventes de Sotheby's à Londres. Mais il ne faut pas en déduire pour autant que l'amiral britannique figure au pinacle des reliques profanes :

ce Panthéon-là retient bien d'autres critères que la valeur militaire. Pour ne citer qu'elle, la robe cousue à même le corps que portait Marilyn Monroe le soir où elle chanta publiquement *Happy Birthday, Mr President* à John Fitzgerald Kennedy a été vendue pour la somme impressionnante de 1,2 million d'euros chez Christie's en octobre 1999. Autant dire que Nelson et Napoléon font figure d'enfants de chœur là où Marilyn, elle, joue dans la cour des grands.

Poursuivant son inventaire des « morceaux disponibles » de Napoléon, le docteur Lemaire cite encore le drap taché de sang de la table d'autopsie, drap mis en lambeaux avant d'être partagé entre les officiers britanniques. L'une de ces parcelles d'étoffe aboutira on ne sait trop comment à Londres, chez Madame Tussaud, l'équivalent anglais du Musée Grévin. Apparemment, cet échantillon fut détruit au cours d'un incendie en 1925, tandis qu'un autre est encore exposé de nos jours dans les collections d'une université japonaise.

Même si l'on est sensible aux reliques, tout cela met un peu mal à l'aise. On ne peut s'empêcher de penser aux soldats romains se partageant la tunique du Christ ! Et l'on pense également, par comparaison, à l'exemple du général de Gaulle qui exigea de sa femme et de son fils qu'ils détruisent absolument tous les vêtements qui lui avait appartenu, afin que nulle relique ne puisse être constituée. Ainsi, dans les heures qui suivirent sa mort, son épouse et son fils firent-ils un grand feu de tous les effets personnels du Général, dans le parc de la Boisserie : matelas, pyjama, vêtements, costumes, drapeaux. Pas de reliques ! C'était contraire à l'éthique du Général. Il savait bien que les grands morts ne s'appartenaient pas ; c'est pourquoi il exigea également par testament que sa dépouille ne soit jamais déplacée de Colombey. Quelques effets ont cependant échappé à cette règle très stricte et sont exposés au musée de l'Armée : un veston de cuir version 1935 pour troupes motorisées, don du général de Gaulle en personne, l'un de ses képis, don du général de Boissieu et sa vareuse, confectionnée à Londres en 1943, don de la Fondation de la France Libre.

Mais revenons-en au malheureux Napoléon dont la mise en pièces post mortem ne s'en tint pas aux nombreux morceaux déjà évoqués. Il faut encore signaler un tendon momifié vendu avec d'autres reliques de la collection Vignali en 1969. Ainsi, en plus du morceau de côte déjà cité, le prêtre avait également récupéré un morceau de pénis et un tendon ? Drôle de paroissien que cet abbé Vignali !

Un « morceau d'épiderme détaché du visage de l'Empereur » a également été longtemps exposé dans la salle Bugeaud du musée de l'Armée. Présent lors de l'exhumation de 1840, le docteur Guillard remarqua en effet que le voile de satin qui recouvrait la dépouille adhérait au visage. Lorsqu'il chercha à soulever entièrement le voile en question, un morceau de peau se détacha. Naturellement, il le préleva soigneusement et le conserva. Par la suite, l'empereur Napoléon III, devenu propriétaire du médaillon contenant l'épiderme, en fit don à son écuyer Firmin Rainbeaux. Un cadeau sobre et de bon goût que Felix

Rainbaux, son descendant, offrit à son tour au musée de l'Armée en 1936.

Ce morceau de peau pourrait être l'élément providentiel, la pièce ultime qui permettrait de mettre fin aux polémiques en rendant possible l'identification du corps qui repose depuis 1840 sous le dôme des Invalides. En effet, autant il est bien compréhensible que le gouverneur militaire des Invalides, seule autorité compétente en la matière, se refuse absolument à faire procéder à l'ouverture du cercueil de Napoléon, autant il est difficile de refuser que soit expertisé le contenu d'un simple médaillon très facilement accessible. Il suffirait de pratiquer une expertise de l'ADN mitochondrial, comme celle que l'historien Philippe Delorme a obtenue pour le cœur de Louis XVII.

Contactées par l'association « ADN » (Association des défenseurs napoléoniens), les descendantes italiennes de Caroline Bonaparte, reine de Naples, ont donné leur d'accord pour participer à d'éventuelles expertises. Malheureusement, contrairement aux os et aux cheveux qui peuvent encore nous apprendre bien des choses, il y a une forte probabilité pour que le morceau de peau desséché ne comporte plus aucune information. Dans ces conditions, à quoi bon en demander l'analyse ? Il faut au moins tenter l'expérience, plaident les membres de l'« ADN », car il s'agit de comparer l'ADN mitochondrial, beaucoup moins complexe que l'ADN nucléique et qui se conserve bien mieux. L'association en a déjà appelé en vain au ministre de la Défense et au médiateur de la République pour obtenir d'avoir accès à l'épiderme impérial et une pétition circule en ce moment même sur le site www.EmpereurPerdu.com. Avis aux amateurs !

Le gouverneur militaire des Invalides ne veut pas en entendre parler et comme par hasard, le morceau de peau dont on peut voir la photo sur le site de l'« ADN » a précipitamment regagné les réserves du musée et n'est plus exposé. Depuis, des travaux ayant été entrepris dans toutes les salles napoléoniennes, le modeste médaillon est stocké au milieu de toutes sortes d'autres trésors de l'Empire. Il n'en demeure pas moins qu'il a mystérieusement devancé l'appel de ce déménagement.

Le sort des reliques est parfois aux mains d'autorités administratives inattendues : comme cela a déjà été mentionné, c'est le maire de Paris, dont dépend la Sorbonne, qui peut donner le feu vert à l'expertise de la moustache de Richelieu. Le sort de la tunique de laine qu'aurait portée le Christ pendant le chemin de croix, vêtement conservé à Argenteuil depuis douze siècles, dépend lui de la préfecture du Val-d'Oise. Dans son livre *Cloner le Christ*, Didier Van Cauwelaert raconte comment le préfet passionné par l'histoire de cette tunique l'a fait transporter dans le plus grand secret à son domicile en 2004. Il prend même l'initiative d'en faire découper plusieurs morceaux ! « Au soir du 12 octobre, à l'heure où d'autres commandent des pizzas, M. Maurice se fit livrer la sainte tunique. »

Il est parfaitement compréhensible que le gouverneur militaire des Invalides se montre réticent ; il ne peut évidemment pas accorder foi à toutes les

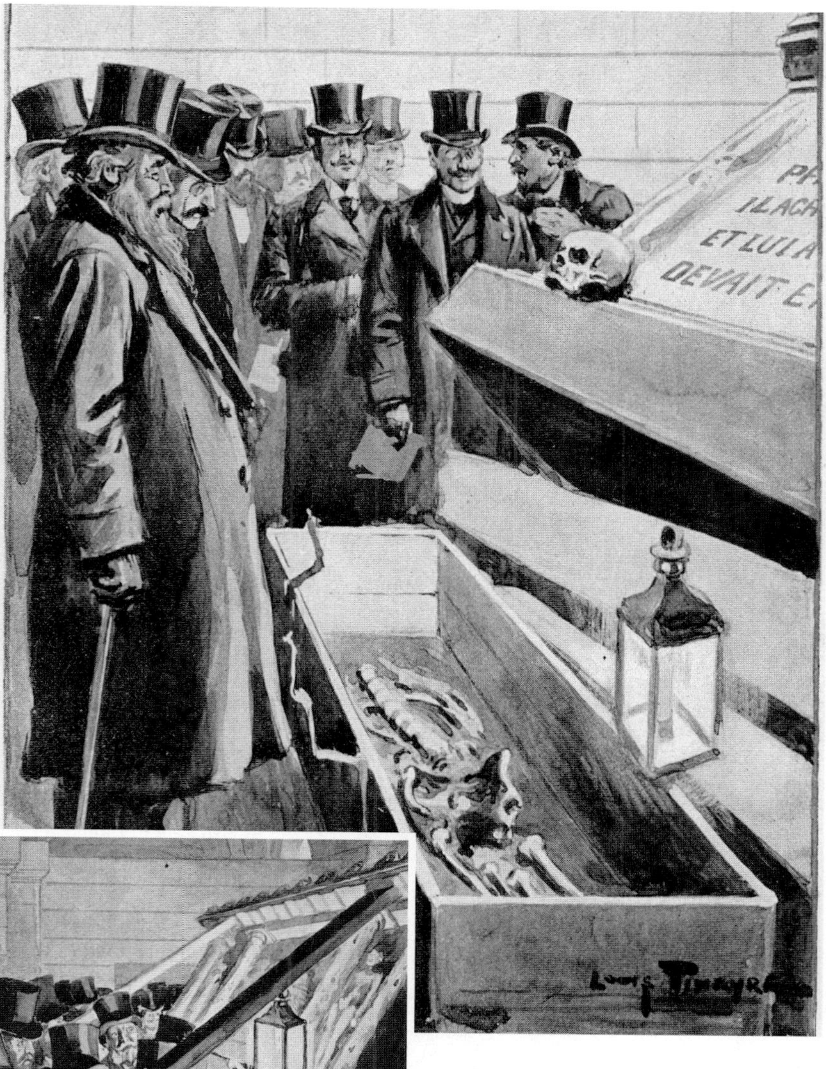

Dessins d'après nature de M.L. Tinayre, Le Monde illustré, décembre 1897.

Ouverture des tombeaux de Voltaire
et Rousseau au Panthéon.

△ L'assistance recueillie tente de retrouver derrière ce crâne grimaçant le faciès émacié et railleur du célèbre philosophe.

◁ La dépouille de Rousseau est intacte. Elle n'a eu aucun succès auprès des collectionneurs de reliques.

© Julien Fouchet / SIPA

Paul Richer, 1913, département de morphologie, E.N.S.B.A., Paris.

△ Contenu du bocal de Chinon dont l'étiquette portait la mention « Restes trouvés sous le bûcher de Jeanne d'Arc, pucelle d'Orléans ».
L'analyse au carbone 14 du morceau de côte permettra de déterminer le sexe et l'âge de l'individu auquel il appartenait, ainsi que le mois et l'année de son décès. S'agira-t-il d'une jeune vierge de dix-neuf ans brûlée vive le 30 mai 1431 ?

◁ Le buste de Descartes
Le crâne dit « de Berzelius » s'encastre parfaitement dans le buste réalisé à partir des portraits du philosophe. C'est donc bien celui de Descartes, affirmera Richer.

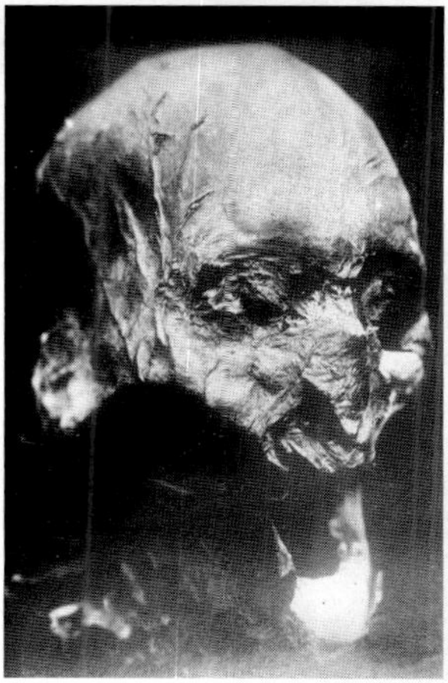

Le mystère de la tête d'Henri IV

△ Mise en vente à Drouot le 31 octobre 1919, la supposée tête d'Henri IV fut adjugée pour la somme de 3 francs à un certain Bourdais, antiquaire.

Est-il possible que cette tête momifiée soit celle d'Henri IV ? Quel contraste saisissant entre cette relique effrayante et l'image paisible et souriante qu'offre le masque mortuaire du bon roi Henri.

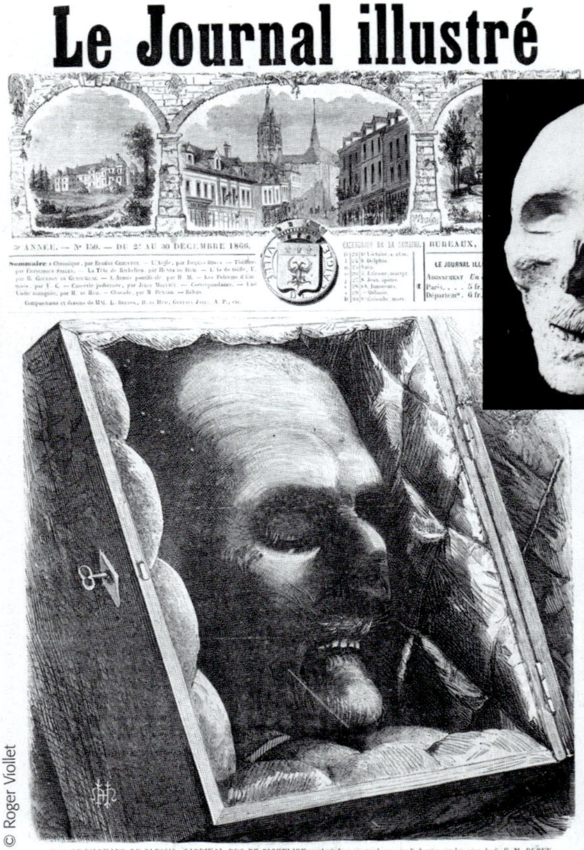

© Roger Viollet

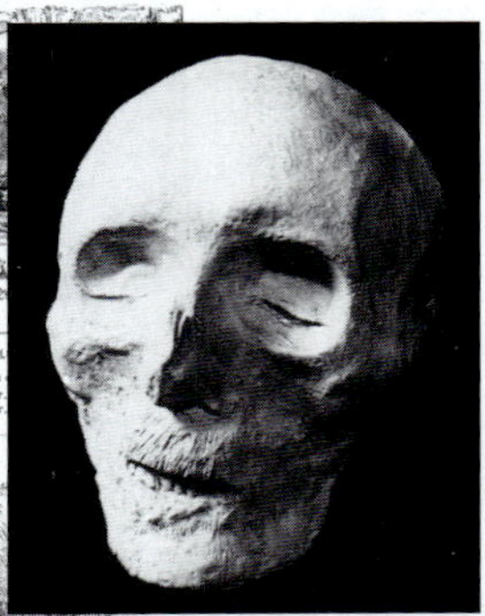

© Roger Viollet

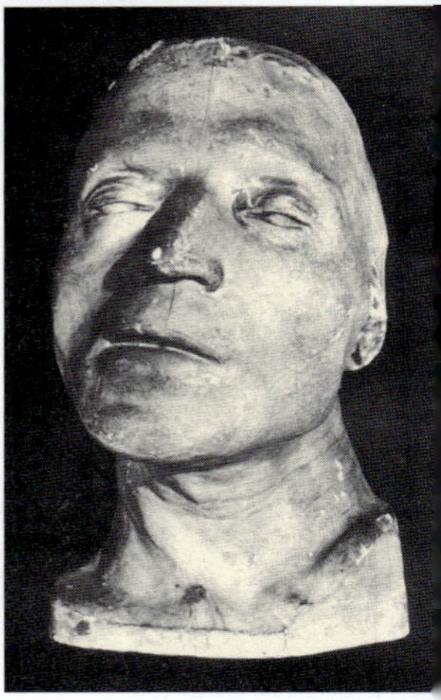

© Hulton-Deutsch / Corbis

Quelques trophées !

△ Dessin publié par *Le Monde illustré* (décembre 1866) et photo de la tête de Richelieu prise à la Sorbonne en juillet 1895 par Auguste François.

Plâtre réalisé à partir du masque △ mortuaire du « Divin Marat ».

◁ Comme si Charlotte Corday n'avait pas eu une vie assez difficile, son crâne subirait à longueur de journée les états d'âme des patients d'une psychanalyste !

△ Squelette de l'enfant du Temple exhumé en 1846 au cimetière Sainte-Marguerite. S'agit-il bien du dauphin Louis, second fils de Louis XVI et de Marie-Antoinette ?

Urne de cristal contenant △ le petit cœur calcifié de l'infortuné Louis XVII.

▷ Toile d'Alexandre-Evariste Fragonard représentant *Denon remettant dans leurs tombeaux les restes du Cid et de Chimène*, qui prélèvera au passage quelques os destinés à son reliquaire personnel.

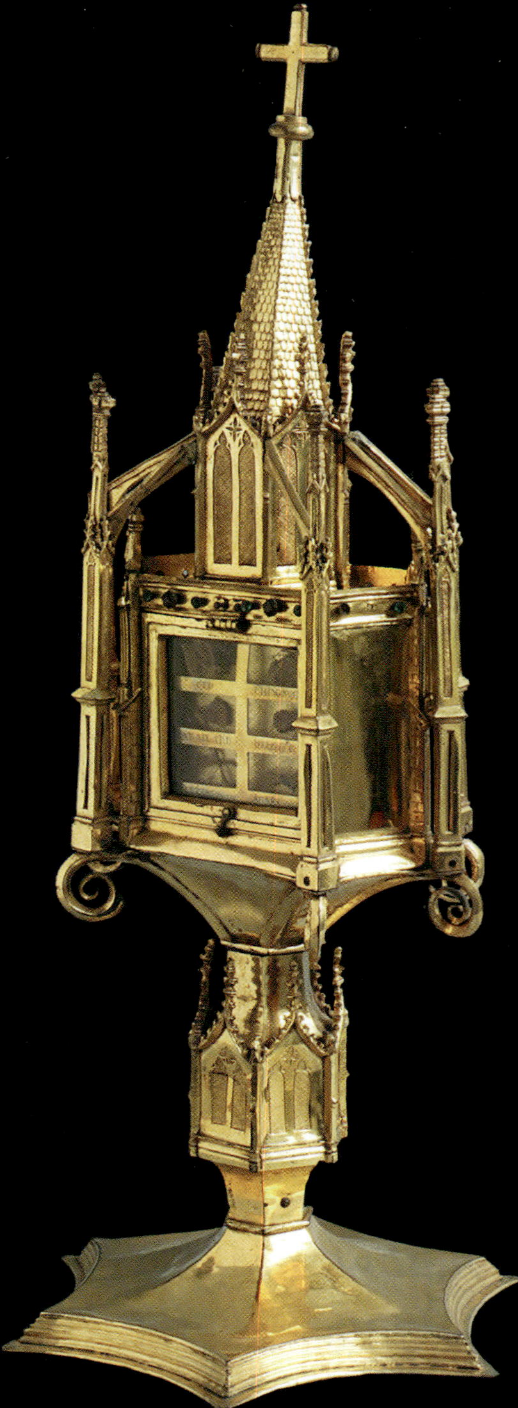

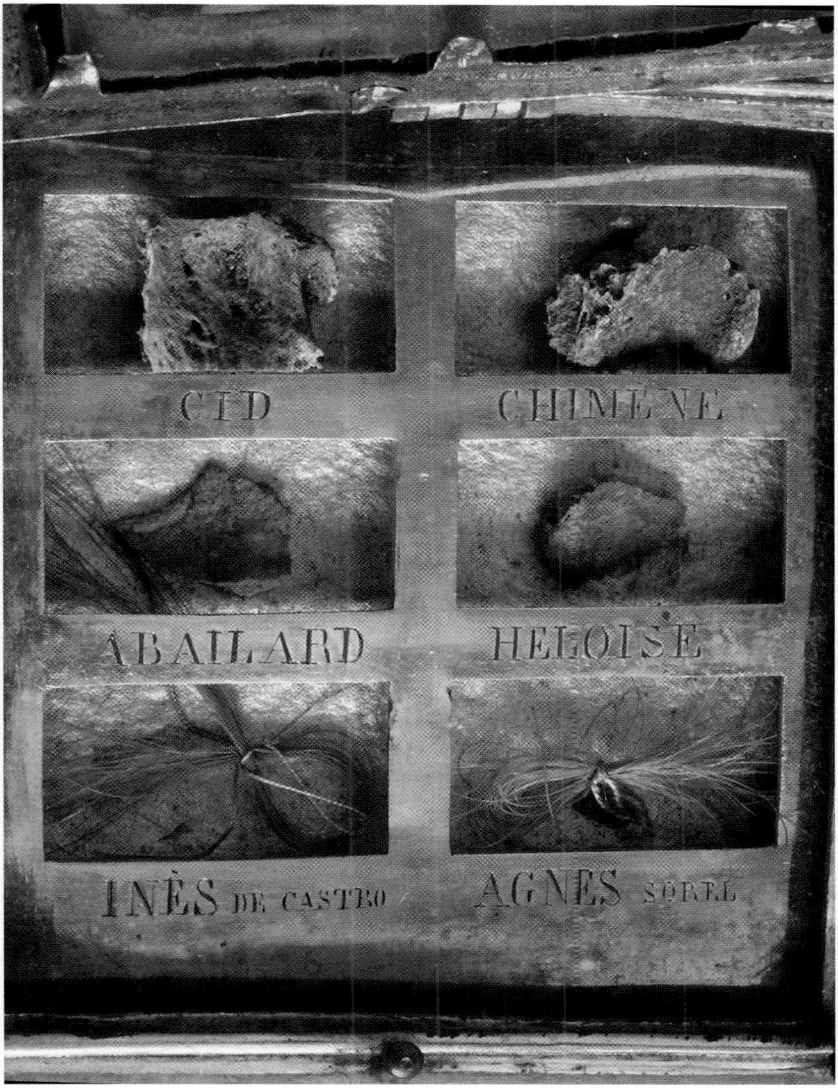

Reliquaire monstrance de style Renaissance dit « de Vivant Denon » (44 cm de hauteur), propriété du Musée Hôtel Bertrand de Châteauroux.

Il faut imaginer Dominique Vivant Denon cherchant à compléter son reliquaire avec patience, année après année, relique après relique. Chaque fois qu'il en reçoit une nouvelle, il la dépose fébrilement dans la logette destinée à l'accueillir.

Le reliquaire Denon, c'est la cohabitation surréaliste de rois et d'empereurs, de grands soldats, de génies de la poésie, du théâtre et de la philosophie et de héros des histoires d'amour les plus échevelées et les plus tragiques.

▽ Mèche de cheveux de Napoléon et feuille de saule ombrageant son tombeau à Saint-Hélène.

élucubrations formulées sur la mort de Napoléon. Mais au-delà de cet aspect des choses, imagine-t-on une seule minute l'impression produite non seulement en France mais dans le monde entier, si les analyses finalement autorisées apportaient la preuve que le corps reposant aux Invalides n'est pas celui de Napoléon ? La France aurait bel et bien égaré son empereur. Quelle honte et quelle tristesse ! Souhaitons-nous vraiment courir ce risque ? Toute vérité est-elle bonne à « découvrir » ? L'ADN doit-il désormais régner en maître despotique sur nos cimetières et leurs mystères ? C'est aux comités d'éthique qu'il appartient de réfléchir aux règles à respecter. Mais voilà qui nous entraîne bien loin de Sainte-Hélène, des Invalides et de l'Empereur auquel il nous faut revenir à présent.

Somme toute, indépendamment des différents prélèvements qui furent opérés sur sa dépouille, Napoléon ne fut pas le plus mal loti des défunts « napoléonides ». Après lui, les choses allèrent plutôt de mal en pis.

Napoléon II, son fils, meurt de la tuberculose le 22 juillet 1832 à l'âge de vingt et un ans, au château de Schönbrunn à Vienne. Les Français le connaissent comme le roi de Rome, mais pour les Autrichiens il est avant tout prince de Parme et duc de Reichstadt. À sa mort, il est donc inhumé dans la chapelle des Capucins, tombeau des Habsbourg. Par deux fois la France réclame officiellement le retour de ses restes mortels. Napoléon III en fait la demande en 1853 mais il essuie un cinglant refus de François-Joseph et une seconde requête présentée en 1932 à l'occasion du centenaire de sa mort échouera elle aussi. Qui va finalement prendre l'initiative du rapatriement ? La réponse est à peine croyable : il s'agit d'Adolf Hitler en personne. En 1939, Otto Abetz, ambassadeur du Reich à Paris, avait déjà émis cette idée de restitution, pensant que cela servirait à un rapprochement franco-allemand, rapprochement qui ne prendra finalement pas la tournure escomptée.

En 1940, le Führer avise le maréchal Pétain par un télégramme personnel de son intention de remettre à la France la dépouille mortelle du fils de Napoléon pour qu'elle repose désormais auprès de lui, sous le même dôme. Sans doute le dictateur se croyant l'égal du grand conquérant s'était-il senti le droit de réunir père et fils ? Toujours est-il que le 15 décembre 1940, date choisie pour avoir lieu cent ans jour pour jour après le transfert des « cendres » de Napoléon Ier aux Invalides, par une nuit glaciale du Paris occupé, se déroula une de ces mises en scène grandiloquentes et sinistres dont les nazis avaient le secret : vers 1 heure du matin, le lourd cercueil de bronze porté par vingt-quatre soldats allemands progressa dans la neige et le vent entre deux rangées de porteurs de torches. Arrivé à mi-chemin de la chapelle des Invalides, Otto Abetz remit le cercueil à Darlan représentant les autorités françaises.

Le lendemain, le « gratin napoléonien » se réunissait au même endroit dans l'indifférence générale. Il se trouva cependant quelques Parisiens assez bravaches pour ironiser sous cape en disant des Allemands : « Ils nous prennent notre charbon et nous renvoient des cendres ! »

L'Aiglon repose donc près de son père dans son uniforme de colonel autrichien. Désormais il n'appartient plus qu'à la France, à l'exception de son cœur et de ses viscères qui sont restés à Vienne, dans le caveau funéraire des Habsbourg.

Avec Napoléon III, les choses se gâtent davantage encore puisqu'il meurt lors de son exil en Angleterre, où il se trouve toujours, et qu'il fait donc partie à ce titre des « grands absents », ces défunts illustres qui devraient reposer sur le sol français mais en ont été privés à la suite d'événements politiques. Mort le 9 janvier 1873 dans sa demeure de Camden Place, il est tout d'abord inhumé non loin de là, à Chislehurst. Son fils « Loulou », qui aurait pu devenir un jour Napoléon IV, le rejoint dans la tombe six ans plus tard. Le 1er juin 1879, le jeune homme est tué par des zoulous de dix-sept coups de sagaies à Istelizi en Afrique du Sud ; ces « sagaies historiques » sont d'ailleurs exposées au musée de l'Armée ainsi que le Talpack (toque en ours) et la tunique sanglante du malheureux prince impérial mort sous l'uniforme anglais. Après Chislehurst, Napoléon III et IV seront ré-inhumés à Farnborough dans une modeste chapelle surmontée d'un dôme censé évoquer celui des Invalides. Devant cette petite église qu'elle a fait édifier, l'ex-impératrice Eugénie fait planter une bouture du saule qui ombrageait la tombe de Napoléon Ier à Sainte-Hélène ainsi que des marrons ramassés dans le jardin des Tuileries. De nombreuses démarches seront entreprises par la suite pour rapatrier en France les dépouilles du père et du fils. Mais elles se heurteront systématiquement à l'opposition de politiciens français persistant à ne voir en Napoléon III que le vaincu de Sedan. De toutes façons, quand bien même la France en aurait soutenu le projet, les moines de Farnborough se sont toujours opposés avec la dernière énergie au départ des deux Napoléons. Ils considèrent que les tombes placées sous leur garde par Eugénie appartiennent au domaine britannique et que seul le pape pourrait éventuellement les délivrer de leur serment de les veiller à jamais. Pour une fois que les Anglais tiennent deux de ces grands morts français dont ils semblent si friands, ils ne sont pas prêts de les lâcher ! Après tout, la France héberge bien en son sein, à l'abbaye royale de Fontevraud près de Saumur, les cendres de Richard Cœur de lion, l'un des rois d'Angleterre les plus populaires. Échange de mauvais procédés en quelque sorte !

Détail d'un goût plus que douteux que l'objet même de ce livre incite cependant à mentionner, une infime partie de la dépouille de Napoléon III « revit » tout de même le sol français : le calcul qui causa sa mort, une pierre de la taille d'un œuf de pigeon prélevée lors de l'autopsie de l'Empereur déchu, fut en effet exposé un temps à Compiègne !

Pour finir, il faut citer celui des « napoléonides » qui aurait bien mérité de porter le titre de « Napoléon Zéro ». Fils de Napoléon Ier et d'Eléonore Denuelle de la Plaigne, plus connu sous le nom de « comte Léon », il eut une vie lamentable. Il dilapida sa rente aux jeux, trempa dans des affaires douteuses, fit de la prison pour dettes et sombra dans l'indigence. Il était si peu présentable qu'il ne fut même pas autorisé à suivre le convoi funèbre de son père, le 15 décembre 1840. « Napoléon Zéro » meurt le 18 avril 1881 dans une misère noire. Son épouse qui est femme de ménage devra faire l'aumône auprès des voisins pour payer les quatre planches de son cercueil. « Napoléon est mort à Sainte-Hélène, son fils Léon lui a crevé l'bidon ! » : le fils Léon de la chanson, auquel son glorieux papa n'avait donné que la moitié de son prénom, fut cependant le seul de tous ces grands princes à mourir sur le sol français. Mais il en paya très cher le privilège : on l'inhuma dans la fosse commune de Pontoise, nul ne songea évidemment une seconde à conserver la moindre relique de sa dépouille, et les fossoyeurs le privèrent du seul titre qu'il eût jamais porté, en l'enterrant par erreur sous le faux nom de « Lecomte Léon » !

INVENTAIRE DES SQUELETTES DES NAPOLÉONS

*Napoléon Ier*

Restent :
Essentiel du squelette aux Invalides
Cœur (de mouton ?) et entrailles dans des vases d'argent déposés à ses pieds

Manquent :
- 2 fragments de côtes
- 2 fragments d'intestins
- Une dent
- Un morceau de pénis
- Un tendon momifié
- Un morceau d'épiderme

Napoléon II, dit l'Aiglon
- Squelette aux Invalides
- Cœur à Vienne, en Autriche

Napoléon III et Napoléon IV
Inhumés « dans leur intégralité » (à l'exception du calcul de Napoléon III), mais en Angleterre à Farnborough.

Napoléon Zéro
Inhumé à la fosse commune de Pontoise
Il n'en reste rien.

BAS MORCEAUX

Cheminer à travers l'immense ossuaire des morts illustres conduit tout naturellement à s'intéresser en dernier lieu aux débris humains épars : cheveux, poils, dents, morceaux de peau, cœurs, membres isolés ou « Bas morceaux ».

Pour insignifiants qu'ils paraissent, ces « morceaux moisis » sont cependant touchants et précieux à leur façon, car l'ADN qu'ils renferment potentiellement est la marque unique et immortelle de l'individu auquel ils ont appartenu.

Cheveux et poils

Au sein des « Bas morceaux », cheveux et poils sont évidemment les reliques les plus courantes et sans doute aussi les plus significatives : des siècles après la mort de leurs propriétaires, des cheveux peuvent en effet donner des indications précises sur leur apparence physique, leur alimentation, les circonstances de leur mort ou encore sur le parfum qu'ils utilisaient.

En fait de phanères (cheveux, poils et sourcils), chaque religion détient son trophée, sa « toison d'or » : dans les années cinquante, on comptait encore quarante-trois mèches de cheveux de Mahomet pour la seule ville d'Istanbul. Dans cette même ville, le musée de Topkapi présente dans une vitrine un reliquaire contenant des poils de barbe du prophète, ainsi qu'une relique immatérielle qui, même si elle n'a rien à voir avec les phanères, mérite d'être signalée au passage puisqu'il s'agit de l'empreinte du pied de Mahomet !

Sainte-Cécile à Rome, Notre-Dame d'Argensol en Champagne et l'Escurial en Espagne possèdent des cheveux du Christ, tandis que l'abbaye de Corbie, dans le nord de la Picardie, aurait longtemps détenu quelques cheveux de Jésus, de la Vierge ainsi que des cheveux et des poils de barbe de saint Pierre.

Mais à côté de ces *musts* de la sainte relique capillaire, les équivalents profanes sont légion. Quelle famille n'a pas conservé la première mèche de cheveux d'un nourrisson ou la boucle argentée d'une arrière-grand-mère ? Bien sûr, il ne nous viendrait plus à l'idée d'arborer le médaillon contenant les cheveux joliment tressés d'un défunt mari ou d'un enfant mort en bas âge, mais cela se faisait encore couramment jusqu'au milieu du XXe siècle, sans que l'on trouvât rien de morbide à ce type d'ornements.

Tandis que les cheveux inconnus au bataillon courent les greniers et les albums photos, les « cheveux illustres » hantent les musées et les salles des ventes : une mèche de cheveux de Claude François a notamment été mise en vente sur Internet en avril 2006, au prix de 2 300 euros. Des cheveux rares sans doute, mais sans mystère ! Alors que d'autres mèches non encore répertoriées peuvent en resurgissant soudainement permettre enfin l'élucidation d'une énigme ou d'une autre : ce fut évidemment le cas avec les cheveux de Napoléon, mais aussi pour la longue mèche d'Albine de Montholon déjà citée. Or, celle-ci n'a été retrouvée qu'en 1985 dans un vieux carton d'archives, par Charles de Candé-Montholon le descendant d'Albine.

Dans le même ordre d'idées, des cheveux de Beethoven coupés à sa mort ont été analysés en octobre 2000 par le Health Research Institute de Chicago. Les chercheurs voulaient établir la présence dans ses cheveux de mercure, couramment utilisé pour traiter la syphilis à l'époque où vivait le compositeur. Mais voilà qu'en cherchant du mercure les scientifiques ont finalement trouvé du plomb, bien trop de plomb même, puisque les cheveux en contenaient cent fois la teneur normale. Cette découverte est absolument capitale, car l'intoxication au plomb pourrait expliquer non seulement les imprévisibles sautes d'humeur dont Beethoven était coutumier, mais peut-être aussi sa surdité. Les chercheurs ne sont pas encore parvenus à déterminer l'origine exacte de tout ce plomb. Peut-être venait-il des eaux thermales dont Beethoven s'abreuva tout au long de sa vie ? Par chance, les nombreux admirateurs présents au moment de sa mort sont tous repartis avec une mèche de cheveux du compositeur, au point d'ailleurs que celui-ci avait la « boule à zéro » lorsqu'il fut mis en bière. Mais, avec le recul, ce « méchage » sacrilège de la chevelure de Beethoven fut finalement un mal pour un bien, car il a permis de disposer aujourd'hui de très nombreux échantillons de ses cheveux. La maison de Beethoven en Allemagne en possède plusieurs mèches dont l'une antérieure de cinq ans à la mort du musicien. Sa teneur en plomb sera prochainement analysée ce qui devrait permettre d'en savoir plus sur cette étrange intoxication. L'enjeu est de taille : irascibilité et surdité en moins, que reste-t-il de Beethoven ? Tout ? Rien ? Comment les maux dont il souffrait ont-ils pu influencer son œuvre ?

Dans le même ordre d'idées, une mèche de cheveux de Gustave Flaubert, mise en vente pour 300 euros à Drouot en mars 2003, aurait été immédiatement préemptée par la Société des Gens de Lettres, représentant les intérêts de Flaubert et de Maupassant, afin d'y prélever quelques molécules d'ADN. En application de la loi dite Yves Montand, cette association aurait en effet décidé de faire procéder à l'exhumation des corps des deux écrivains, afin de pouvoir établir si oui ou non Flaubert était le père de Maupassant. Cette question taraude biographes et critiques depuis plus d'un siècle. Elle découle de ce qu'Alfred Poitevin, frère de Laure Poitevin, mère de Maupassant, était l'ami intime de Gustave Flaubert. Est-il possible que sa sœur Laure (1821-1903), séparée d'un mari qui n'avait pas su la rendre heureuse, ait été pour Flaubert bien plus qu'une simple amie ? La question se pose d'autant plus que Flaubert s'est véritablement comporté comme un père pour Maupassant, l'introduisant dans les milieux littéraires en lui présentant notamment Zola et Tourgueniev et l'encourageant sans cesse à écrire lui-même.

Étrangement, alors que ces expertises auraient dû faire grand bruit, il s'est avéré tout à fait impossible de savoir si elles avaient réellement été effectuées et quel avait été leur résultat. Et pour cause : si la mèche de cheveux de Flaubert a bien été mise aux enchères, toute cette histoire d'expertise et d'exhumation n'était qu'un vaste canular monté de toute pièce par le « Centre Flaubert » de Rouen. Dans le « registre capillaire », l'histoire de Flaubert comporte tout de même une anecdote authentique : la mère de Maupassant souffrant de terribles migraines et de différentes névroses tenta de se suicider à l'aide de ses longs cheveux...

Après ceux de Napoléon, d'Albine, de Beethoven et de Flaubert, nous verrons enfin que dans l'enquête récente portant sur l'identification et les circonstances de la mort d'Agnès Sorel, la « Dame de Beauté » maîtresse du roi Charles VII, l'analyse d'une importante mèche de cheveux détenue par le musée de Bourges a encore été un élément déterminant.

Apparemment, rares sont les célébrités dont on ne possède pas des cheveux ou des poils. Ainsi, le musée Carnavalet disposait-il de quelques poils de barbe de Victor Hugo dont il a fait don au musée consacré au poète, place des Vosges. Carnavalet détient également des cheveux de la comtesse de Ségur, ainsi qu'un très spectaculaire reliquaire figurant un tombeau contenant les mèches de cheveux de tous les membres de la famille royale emprisonnés sous la Révolution. Ceux de la reine Marie-Antoinette font généralement l'objet d'un examen particulièrement attentif, car ils ont subi un blanchiment fulgurant constituant aujourd'hui encore un cas d'école étudié par les coiffeurs en herbe, et nommé précisément « Syndrome Marie-Antoinette ». C'est une maladie rare et très spectaculaire, puisqu'en quelques heures, souvent à la suite d'un stress intense, tous les cheveux des sujets qui en sont atteints deviennent blancs. Il s'agit plus exactement d'une pelade diffuse, une chute brutale des cheveux pigmentés qui seuls sont touchés par cette affection, ne laissant subsister que les cheveux blancs, d'où l'impression d'un blanchiment instantané. La reine de France en fut victime, soit à la veille de son exécution, soit après la fuite à Varennes, soit encore lorsqu'elle vit la tête brandie au bout d'une pique de sa chère amie la princesse de Lamballe. Certains historiens considèrent cette dernière hypothèse comme improbable, car c'est précisément à la princesse en question que la reine aurait fait cadeau d'une bague renfermant ses cheveux et portant l'inscription « *ils sont blanchis par le malheur* ». Mme Campan, première femme de chambre de Marie-Antoinette, affirme pour sa part dans ses *Mémoires* que c'est au retour de Varennes que les cheveux de la reine se dépigmentèrent soudainement : « Le lendemain, la reine ôta son bonnet de nuit, ses cheveux étaient tout blancs. » Cet étrange phénomène souligne en tous cas la nécessité pour les experts et les collectionneurs de maîtriser une information aussi précieuse qu'inattendue : il existe des reliquaires de cheveux de la reine *ante* et *post* syndrome Marie-Antoinette !

Le musée Tavet-Delacour de Pontoise détient quant à lui dans ses réserves non seulement des cheveux de Philippe Auguste, mais aussi des cheveux et des poils de barbe du roi Henri IV. Ces reliques sont si fragiles qu'elles seraient paraît-il à deux doigts de tomber en poussière dans les boîtes qui les contiennent. C'est la raison pour laquelle le conservateur du musée se refuse à en autoriser la manipulation et l'exposition. En l'an 2000, il a dû céder aux adjurations du maire de Pontoise qui souhaitait que toutes les reliques de la mise à sac de Saint-Denis, dont Tavet-Delacour est dépositaire, fussent exposées à l'occasion des journées du patrimoine. Le conservateur a donc cédé, mais on ne le prendra plus à montrer « ses » reliques avant longtemps. Il ne semble prêt à manifester une certaine souplesse que pour la jambe momifiée de Catherine de Médicis, dont l'existence et l'aspect ont déjà été évoqués, en raison de ses dimensions importantes et de sa « solidité ». Pour les cheveux et poils célèbres détenus par le musée qu'il administre, il avance un argument de fragilité tout à fait défendable. Mais comment accepter cet argument lorsqu'il s'agit d'ossements ou des dents indestructibles appartenant également à ses collections ? À la vérité, il semblerait surtout que le conservateur redoute les « élucubrations des journalistes » au sujet de restes humains dont l'authenticité n'a jamais été prouvée. De fait, à moins que les descendants de Philippe Auguste et du roi Dagobert ne se fassent connaître rapidement, la plupart des débris organiques remisés à Tavet-Delacour, au nombre desquels figurent les rogatons de ces nobles monarques, ne pourront jamais être identifiés. Mais leur authenticité est-elle si invraisemblable ? De même que pour le cœur et le cerveau de Voltaire dont l'Académie française déclina l'offrande, la traçabilité des reliques de Pontoise est tout à fait excellente. M. Brulay, qui les collecta lors du pillage de la cathédrale, était précisément receveur des domaines de Saint-Denis sous la Terreur. Assistant à l'exhumation des corps royaux en octobre 1793, il en préleva de nombreux fragments. À sa mort, sa veuve essaya de les négocier. Nul n'ignorait à l'époque l'ardent désir de Louis XVIII de pouvoir récupérer et numéroter les abattis dispersés des membres de sa famille, à commencer par les ossements de son frère Louis XVI et de sa belle-sœur Marie-Antoinette, inhumés à la va-vite sous la chaux au cimetière de la Madeleine. Mais il était également preneur du moindre morceau de rois récupérable. Le marquis de Lauriston, pair et maréchal de France, tenta bien d'infléchir la volonté de la veuve Brulay et de l'inciter à rendre les reliques « *gratis pro deo* », ce qu'elle refusa avec la dernière énergie. Par la suite, on ne sait trop comment à la fin du XIXe, une certaine Mme Tavet, dont le musée de Pontoise porte aujourd'hui le nom, entra en possession de toutes ces reliques.

L'analyse et la comparaison d'échantillons d'ADN sont d'autant plus pertinentes qu'elles contribuent à lever une incertitude, à résoudre un mystère. De telles recherches pourraient permettre par exemple de confirmer ou de contester l'identité des têtes de Descartes, de Richelieu, de Cadoudal, ou du corps reposant aux Invalides. Mais faut-il chercher les réponses à des questions qui ne se posent pas ? Se soucie-t-on réellement de savoir si les cheveux attribués à Philippe Auguste lui ont effectivement appartenu ? L'amateur de reliques profanes souhaite-t-il vraiment que la science établisse l'authenticité des débris humains qui l'émeuvent ? Ou bien les croire authentiques suffit-il à son bonheur ? Il balance probablement entre ces deux désirs contradictoires. S'accommodant assez bien de l'incertitude pesant sur les reliques qu'il contemple avec émotion, il n'est finalement pas si éloigné de son homologue croyant, confit en dévotion devant des reliques saintes. Il n'attribue aucune vertu, aucun pouvoir particulier aux restes qu'il considère, mais il manifeste indéniablement à leur endroit une ferveur romanesque proche de la ferveur religieuse.

Les reliques de Tavet-Delacour peuvent achever sereinement de retourner en poussière, elles sont probablement à l'abri des polémiques et par conséquent des expertises. Seuls les poils de barbe et les cheveux d'Henri IV sont éventuellement susceptibles de faire un jour l'objet d'analyses approfondies pour permettre de déterminer si la tête momifiée présentée comme étant la sienne et proposée au musée du Louvre en 1947 l'est effectivement.

En se livrant au saccage des tombes royales de Saint-Denis, les sans-culottes voulaient faire disparaître à tout jamais le souvenir des tyrans qui avaient gouverné la France depuis Mérovée ; mais ils s'attendaient également à pouvoir joindre l'utile à l'agréable en récupérant le plomb des cercueils destiné à la fonte et en s'appropriant les riches trésors que ne manqueraient pas de contenir, pensaient-ils, les tombeaux des Valois, Bourbons, Capétiens et autres Mérovingiens du fond des âges. « La main puissante de la République [devait] effacer impitoyablement ces épitaphes superbes et démolir ces mausolées qui rappellent des rois l'effrayant souvenir », décrétait la Convention le 31 juillet 1793. Mais elle prescrivait aussi que les destructions se dérouleraient sous le contrôle d'Alexandre Lenoir et de la commission des monuments. Lenoir va parvenir à sauver un certain nombre de tombeaux qu'il fera transporter au musée des Monuments français. Les œuvres qu'il ne destine pas à son musée ou son Jardin Élysées sont vandalisées, détruites et utilisées pour édifier une sorte de cénotaphe grandiloquent et macabre à la mémoire de Marat et de Lepeletier de Saint-Fargeau : une sorte de grotte tout à fait épouvantable, composée d'un mélange inextricable de têtes et de membres de statues, d'urnes funéraires, de plaques, de morceaux de tombeaux et de cercueils.

Les fouilles vont se révéler fort décevantes et, en fait de butin, il faudra se contenter d'une dizaine de couronnes de vermeil serties de pierres sans valeur et de quelques sceptres. Dépités, les pilleurs vont manifester à l'encontre des dépouilles royales un acharnement et une rage proportionnels à la déception qu'ils ont éprouvée en ne découvrant pas les richesses escomptées.

D'après le témoignage d'Alexandre Lenoir, le premier tombeau à recevoir la visite des pilleurs fut celui d'Henri IV. Lorsque son cercueil fut ouvert, la foule présente, stupéfaite, observa un moment de silence, car le corps était en parfait état de conservation et dégageait une agréable odeur d'aromates. Embaumé près de deux siècles auparavant, Henri IV offrait en outre à l'assistance médusée un visage souriant et paisible dont le sculpteur Couperet s'empressa de prendre l'empreinte. Le moulage qu'il réalisa existe toujours, il est la copie conforme du masque mortuaire original, à en juger par l'exemplaire de 1623, œuvre de Michel Bourdin exposée au musée Carnavalet. Rien ne différencie ces deux masques pourtant réalisés à cent cinquante ans d'intervalle ; c'est dire si les embaumeurs avaient bien travaillé.

Ensuite, d'après les souvenirs de Lenoir comme dans les récits romancés de Chateaubriand et d'Alexandre Dumas, le cercueil grand ouvert du bon roi Henri fut dressé contre une colonne et offert à la curiosité de la foule. Jusqu'au moment où un soldat saisit d'une main la barbe d'Henri IV et en trancha un morceau : « Un soldat tire son sabre et coupe ras une bonne mèche de barbe blanche dont il se fait une moustache postiche sous les applaudissements[1]. » Encouragée par ce geste, une femme gifle le roi. Dès lors, tout est permis. Jean Raspail le résume par cette phrase lapidaire : « C'était décidé, on serait abject ! » Puis, décrivant le déchaînement dans lequel sont ensuite profanées les tombes des plus grands de nos rois, il n'hésite pas à donner les détails les plus macabres sur l'état de leurs cadavres. Certains tombent en poussière, d'autres comme celui de Louis XV se

1. *Sire*, Jean Raspail.

liquéfient littéralement. Les ossements d'Hugues Capet sont en cendres, mais ceux de Charles le Chauve, fils de Charlemagne, sont intacts...

La légende veut que Robespierre et plusieurs de ses collègues aient assisté à l'exhumation d'Henri IV et qu'ils aient eux-mêmes prélevé quelques brins de moustache et de barbe. Les phanères en tous genres figuraient apparemment parmi les trophées les plus prisés pendant les treize jours que durèrent ces exhumations, puisque le bon roi, privé de sa barbe, fut aussi allégé de quelques mèches de cheveux de même que Du Guesclin et Philippe Auguste. Marie de Médicis n'était plus qu'un liquide infect dont seule subsistait la chevelure ; celle-ci fut instantanément arrachée et distribuée en touffes aux personnes présentes. Toutes ces grandes figures de l'histoire de France furent impitoyablement scalpées sur l'autel de la Révolution. Henri IV sera finalement jeté dans une fosse où le rejoindra bientôt son fils Louis XIII, bien conservé mais noir comme l'ébène et luisant.

Mais l'histoire de ces restes mortels ne s'arrête pas là. À la Restauration, lorsque les dépouilles des rois de France furent à nouveau exhumées des fosses où elles avaient été jetées pêle-mêle, on aurait découvert que le souverain béarnais n'avait plus sa tête. Or, un siècle plus tard, le 31 octobre 1919, une tête momifiée présentée comme étant la sienne fut mise en vente à l'Hôtel Drouot et achetée par un antiquaire du nom de Bourdais, pour la modique somme de... 3 francs ! Un montant plus pathétique encore que celui auquel furent cédées les têtes de Descartes et de Richelieu pourtant déjà très bon marché (37 et 50 francs).

Durant toute sa vie, Bourdais tenta vainement de faire authentifier sa relique. À sa mort en 1947, il la légua au musée du Louvre qui refusa d'en devenir propriétaire. Des éléments plus que troublants plaidaient pourtant en faveur de son authenticité : la tête momifiée portait en effet les traces de deux blessures : l'une à la lèvre, or c'est là que fut blessé Henri IV lors de l'attentat de Jean Châtel en 1594, l'autre à la carotide droite, où Ravaillac porta précisément son coup de couteau fatal en 1610. Par ailleurs, le visage n'avait plus de moustaches, ce qui donnait d'Henri IV une image inhabituelle mais conforme à la vérité historique selon laquelle la moustache en question avait été sabrée à Saint-Denis !

Que faut-il en penser ? Celui qui a cru reconnaître les blessures d'Henri IV avait-il les yeux de l'amour, les yeux de celui qui souhaite ardemment voir ce à quoi il croit ? Cette histoire de tête n'est-elle qu'un canular supplémentaire imaginé à l'intention des amateurs de reliques célèbres ? Quoi qu'il en soit, il se trouve effectivement des passionnés ou de grands naïfs pour écumer les bibliothèques et les sites royalistes sur Internet, à la recherche de la tête momifiée d'Henri IV, laquelle aurait échu à la sœur de Bourdais après le refus du Louvre de l'accueillir dans ses collections.

Jusqu'en 1793, le cœur d'Henri IV quant à lui était conservé au Collège royal de La Flèche en Touraine. Un jeune élève nommé René Descartes était d'ailleurs présent, un siècle auparavant, lors de son transfert solennel en l'église Saint-Louis. Malheureusement, le cœur d'Henri IV fut brûlé pendant la Révolution, de sorte que depuis 1814, la niche du bras nord du transept de l'église n'abrite plus que des cendres. Si la tête momifiée d'Henri IV existe bien et qu'elle réapparaît un jour, tous les espoirs d'identification reposeront donc finalement sur les poils de barbe et les cheveux de Tavet-Delacour !

Les différents récits du sac de la nécropole royale parvenus jusqu'à nous sont à lever le cœur. Bien des peuples ont connu des révolutions, mais mettre un tel acharnement à détruire, à vandaliser son propre passé, voilà qui fut inédit dans l'histoire du monde et devait le rester.

Peut-on pour autant considérer avec condescendance et dégoût ceux qui présents à Saint-Denis en octobre 1793 en repartirent les poches pleines de rogatons organiques ? Quelle eût été alors notre propre attitude ? Renoncerions-nous aujourd'hui à emporter une mèche de cheveux de Brigitte Bardot, la brosse à dents de Brad Pitt ou la chaussette usagée de Zidane, si elles nous tombaient sous la main ? Le goût des reliques n'a pas disparu avec le temps, il a simplement quitté les cimetières pour se concentrer sur des objets inanimés : photos dédicacées, objets personnels, vêtements ayant appartenu à des célébrités. Il est vrai que la Révolution, en déterrant et en mettant en pièces tous les personnages illustres que recelait le sol de France, contribua amplement à créer un « marché » sans précédent qui fort heureusement ne devait jamais plus être aussi bien achalandé au cours de notre histoire.

De nos jours, on ne se battrait certes pas pour le calcanéum d'une vedette de la chanson, en revanche les phanères restent des valeurs sûres que l'on peut toujours se procurer : à titre d'exemple, les habitants d'un petit village italien de la banlieue de Naples où tout le monde adore le football se sont débrouillés pour obtenir des poils de Maradona, présentés dans un reliquaire, dans l'église du village. En 2004, l'astronaute Neil Armstrong, commandant de bord de la mission *Apollo 11* et premier homme à avoir marché sur la lune en 1969, a réalisé que lorsqu'il faisait rafraîchir sa coupe de cheveux, son coiffeur récupérait les chutes et les vendait très cher. En mai 2004, ce coiffeur, un nommé Marx Sizemore, patron du Marx's Barber Shop à Lebanon dans l'Ohio, a vendu des mèches d'Armstrong à des collectionneurs pour 3 000 dollars. Nelson et Napoléon n'ont qu'à bien se tenir, pauvres héros défraîchis d'un temps où l'on était bien incapable de marcher sur la lune, constat impitoyable et mélancolique dont découle une interrogation capitale : quelle serait la différence de prix entre des cheveux d'Armstrong coupés sur la lune et des cheveux du même homme coupés sur terre en 2007 ? Armstrong n'en est pas à se poser ce genre de questions : indigné par le crime de lèse célébrité dont sa chevelure a fait l'objet, il a demandé à récupérer ses cheveux et menace son coiffeur de poursuites judiciaires. D'après son avocat, cette vente viole une loi de l'Ohio protégeant ses droits. Le coiffeur est sommé de restituer les cheveux ou de faire profiter une œuvre de charité des sommes indûment perçues et, en tout état de cause, de prendre en charge les frais de justice générés par cette procédure inédite !

Le coiffeur indélicat affirme avoir vendu les cheveux à un agent de John Reznikoff, un collectionneur américain répertorié dans le livre des records, le *Guinness Book*, pour être le détenteur de la plus grande collection de cheveux de personnages historiques. Sa collection, assurée pour un million de dollars, compterait cent quinze mèches de cheveux de personnes célèbres, au nombre desquelles Charles Dickens, Abraham Lincoln, Marilyn Monroe, John Kennedy, Albert Einstein, et naturellement Napoléon. Depuis qu'il collectionne les cheveux célèbres, Reznikoff achète entre trois et cinq mèches par an. Mais attention, contrairement aux phrénologues et autres craniologistes du XIXe siècle qui n'appréciaient rien tant que de tâter les crânes de criminels, Reznikoff collectionne exclusivement les cheveux de personnages ayant eu une influence positive dans l'histoire de l'humanité : à ses yeux, c'est évidemment le cas d'Elvis Presley, dont il possède une mèche.

Par ailleurs, pour que leurs fans n'en viennent pas à les traquer une paire de ciseaux à la main, Reznikoff prétend refuser les cheveux de personnalités encore en vie. Cette considération semble ne pas avoir effleuré le moins du monde le Montréalais qui, en avril 2005, a mis aux enchères sur Internet pour 30 000 euros des cheveux de l'ancien cardinal Ratzinger, devenu depuis le pape Benoît XVI. Ce vendeur n'était-il qu'un petit plaisantin inspiré par la mise en vente sur e-Bay, très sérieuse cette fois, de la vieille voiture du cardinal ? C'est possible. Il n'empêche que le Vatican est bel et bien saisi régulièrement de demandes officielles de cheveux du pape émanant du monde entier. Désormais, dans un monde moderne laïcisé, nul n'est besoin de choisir entre reliques saintes ou profanes, l'homme du XXIe siècle peut vénérer indistinctement les cheveux du pape et ceux de Maradona.

Reste que l'on ne peut pas faire n'importe quoi : le coiffeur d'Armstrong est bien placé pour le savoir, de même que ce facteur quinquagénaire de Saint-Egrève (Isère), qui, en novembre 2006, a mis en vente sur Internet des fragments de cheveux, de bandelettes et de résine d'embaumement provenant de la momie de Ramsès II, le tout pour un minimum de 2 000 euros le lot. Identifié, ce vendeur a été mis en état d'arrestation. Interrogé par la police, il a déclaré avoir reçu ces échantillons organiques du grand pharaon des mains de son propre père, membre de l'équipe grenobloise chargée par le Musée de l'Homme d'analyser les cheveux. Or, la France s'était formellement engagée à ne conserver aucun prélèvement. Détail croquignolet, c'est à une équipe des laboratoires l'Oréal qu'avait été confiée cette expertise capillaire. L'un de ses membres fut assez indélicat ou assez passionné pour considérer, selon le slogan des spots publicitaires de l'Oréal, que Ramsès « valait bien » un petit larcin ! Une rapine qui trente ans plus tard a bien failli conduire son fils derrière les barreaux et créer un incident diplomatique entre la France et l'Égypte.

Dents, peau, cerveaux

Puisque les saintes reliques capillaires ont fait l'objet d'un bref aperçu, il n'est que justice de citer aussi très brièvement les plus insignes des « saintes reliques dentaires », en l'occurrence la dent de lait du Christ et les soixante dents de saint Jean-Baptiste ! Par ailleurs, délaissant à titre exceptionnel les seuls reliquaires hexagonaux, on signalera également la dent de Bouddha conservée dans la ville de Kandy au Sri Lanka : Le Temple de la dent (Sri Dalada Maligatawa) conserve en effet une dent de l'Éveillé, qui fait de Kandy l'une de ces grandes villes saintes où convergent régulièrement des centaines de milliers de pèlerins. Quitte à citer Bouddha, signalons également pour mémoire que des fragments de ses os siègent une fois par an à l'ONU à New York ! Ces parcelles d'os proviennent des cendres de Bouddha après sa crémation. Vénérées par les bouddhistes du monde entier, elles ont été offertes à l'ONU en l'an

2000 par la Thaïlande, le Sri Lanka et la Birmanie, en remerciement de la reconnaissance internationale du Jour de Vesak, anniversaire de la naissance de Bouddha. Ces reliques ont un tel succès qu'elles ont été présentées également dans les pagodes de Los Angeles, de Denver et de Salt Lake City. Elles ont dû prendre l'avion plus souvent encore que la main de saint Jean-Baptiste (la main qui a baptisé le Christ !) sur laquelle se sont recueillis deux cent cinquante mille Moscovites le 22 juin 2006, ou que les reliques de saint Louis qui pourtant voyagent régulièrement d'un continent à l'autre.

Les dents sont des reliques apparemment moins recherchées que les phanères : la vente de la canine de l'Empereur prélevée par le docteur Barry O'Méhara, déjà signalée dans le chapitre consacré à Napoléon, a péniblement atteint les vingt mille euros. Le sort des deux dents de Voltaire dérobées lors de son exhumation de l'abbaye de Scellières a également déjà été mentionné. Rappelons pour mémoire que la première d'entre elles fut offerte à l'officier municipal chargé du convoyage des restes du philosophe jusqu'à Paris, et que l'autre dent fut donnée à Antoine François Lemaire, rédacteur au *Père Duchesne*, qui la fit monter en pendentif. Au moment de l'exhumation du corps de la marquise de Sévigné à Grignan, le juge de paix du village se fit remettre une dent qu'il fit enchâsser dans une bague en or. Le pot de grès contenant les restes d'Agnès Sorel, maîtresse de Charles VII dont le destin post mortem sera exposé plus loin, ne comporte plus que sept dents, alors que la jeune femme décédée à vingt-huit ans les avait probablement toutes à sa mort : les dents manquantes furent emportées par des collectionneurs de reliques, comme celles de Charlotte Corday, de Du Guesclin, de Turenne et celles de presque toutes les têtes déjà évoquées.

Le musée Tavet-Delacour, qui est décidément une mine providentielle pour les amateurs de reliques profanes, possède à lui seul un fragment de mâchoire du roi Dagobert, fondateur de Saint-Denis, avec deux dents dans leurs alvéoles, deux dents maxillaires de saint Louis, une dent d'Henri IV, deux dents de Louis XIV et une de son fils le grand dauphin.

Deux dents : voilà donc tout ce qu'il reste du Roi Soleil ! Mais il en va de ces dents comme de la jambe momifiée de Catherine de Médicis, elles ne constituent un témoignage véritablement émouvant que si l'on connaît à la fois les tracas quotidiens qu'elles infligèrent au monarque vivant et les détails de leur extraction à Saint-Denis. Quels furent-ils au juste ? En fait, Louis XIV était un candidat de choix pour les ouvriers et les sans-culottes chargés de vider les uns après les autres les cercueils des rois de France. Plus que tout autre monarque sans doute, il incarnait l'absolutisme royal, aussi fallait-il lui réserver une vengeance posthume qui fût à la hauteur de son règne despotique. Son cadavre est jeté dans la fosse des Bourbons. L'un des témoins présents l'y rejoint à l'aide d'une échelle dans l'idée de se procurer quelque trophée sur la dépouille. Il tente vainement d'ouvrir la bouche du roi. Un autre homme saute dans la fosse, éventre le cadavre à coups de couteau, en sort l'étoupe qui le garnissait et parvient finalement à lui ouvrir la bouche sous les applaudissements du public. Il en extrait « une dent, un solitaire, un chicot noir et pourri qu'il montra au peuple comme un trophée[1] ».

De fait, le souverain avait les dents dans un état lamentable. Grâce au *Journal de santé du roi* rédigé quotidiennement par les cinq médecins qui le suivirent tout au long de sa vie, en particulier par Fagon qui fut son médecin pendant trente-deux ans, le moindre de ses bobos nous est connu. Cette source inestimable d'informations permet d'ailleurs au passage d'enrichir la liste en cours de constitution des « derniers breuvages avant décès », de la dernière boisson de Louis XIV : une tisane à la sauge et du lait d'ânesse qu'on lui fit boire au biberon !

Physiquement, le Roi-Soleil n'avait rien de flamboyant, c'était un corps souffrant et pour tout dire plutôt répugnant : marques de petite vérole, anthrax, furoncles, crises d'urticaire, allergies alimentaires, fistule annale, boulimie, goutte, gravelles, vapeurs, vertiges, telle est la liste non exhaustive des maux dont il fut affligé tout au long de sa vie. Louis XIV, supposé guérir les écrouelles alors qu'il avait les mains pleines de verrues, était aussi un quadragénaire édenté : « Les dents étaient un autre sujet de tracas et de mortification pour la "gloire de l'Univers" qui, pendant trente ans, dut cacher un sourire édenté derrière une bouche pincée [...] En 1685, alors

1. *Sire*, Jean Raspail.

qu'il n'a que quarante-sept ans, il ne lui reste plus de dents à la mâchoire supérieure et celles du bas sont cariées[1]. »

En 1685, il fallut lui arracher plusieurs dents gâtées, mais on s'y prit si mal qu'un morceau entier de mâchoire partit avec les dents. Du coup, signale d'Arquin qui était alors son médecin, « toutes les fois qu'il buvait ou se gargarisait, [il] portait l'eau de sa bouche dans son nez où elle coulait comme une fontaine ».

La piteuse dentition du grand monarque explique pourquoi les pilleurs de tombeaux de 1793 ne parvinrent pas à se procurer d'autres trophées dentaires que le « chicot noir et pourri » décrit par Jean Raspail ; voilà pourquoi également, il n'y a pas davantage de dents de Louis XIV en circulation dans les reliquaires et les salles des ventes.

Nostradamus avait prédit qu'un très grand roi naîtrait avec deux dents, ce qui fut en effet le cas de Louis XIV, mais aussi celui de Jules César et de Napoléon. Qu'en aurait déduit le célèbre mage ? Ne jouissant pas de ses pouvoirs divinatoires, on se bornera plus prosaïquement à conclure que le Roi-Soleil mourut avec autant de dents qu'il en avait en naissant !

Peau

Que la seule idée de reliques « dermiques » n'inspire que répugnance ne dispense pas pour autant de rechercher si oui ou non de telles reliques existent.

1. *Le Corps du Roi-Soleil*, Michelle Caroly.

Le saint nombril et le saint prépuce du Christ ont déjà été cités, et quelques sanctuaires possèdent bien des parcelles de « peau de saints » ; mais Dieu soit loué, serait-on tenté de dire, le petit monde des reliques d'hommes célèbres ne présente guère de trophées équivalents. Il y a bien le petit morceau d'épiderme de Napoléon dont il a déjà été question, un auguste lambeau détenu par le musée de l'Armée aux Invalides. Mais il a vraiment fallu que cette parcelle de peau se soit détachée d'elle-même du visage de l'Empereur lors de l'exhumation de sa dépouille pour que le chirurgien major Rémy Guillard ait le réflexe de se l'approprier. Ce médecin vouait un véritable culte à l'Empereur, aussi ne pouvait-il traiter ses restes mortels qu'avec le plus grand respect. Lui-même repose au cimetière d'Ergué-Armel, près de Quimper, sous une pierre dont on prétend qu'elle viendrait de Sainte-Helène.

Un collectionneur se rengorgera plus volontiers de posséder les cheveux ou les os de personnages historiques, qu'il ne se vantera d'être l'heureux propriétaire d'un fragment de leur peau. Prélever des cheveux au moment du décès, subtiliser des os longtemps après la mort, ne sont pas des gestes aussi invasifs que celui auquel il faut obligatoirement procéder pour se procurer un morceau de peau. On ne peut obtenir un fragment d'épiderme sans avoir charcuté un cadavre assez récent pour ne pas être encore totalement décharné, ou une vieille dépouille embaumée sur laquelle prélever à grand-peine une pièce de chair boucanée. Dans un cas comme dans l'autre, le procédé rebute au moins autant que le fruit qu'il produit : de petites pièces de peau, racornies, desséchées, répugnantes ! Peut-être est-ce la raison pour laquelle Napoléon III se défit aussi facilement du morceau de peau de son oncle, en l'offrant à son palefrenier Firmin Rainbeaux.

M. Brulay, le pilleur de Saint-Denis qui s'appropria la parcelle de peau de Catherine de Médicis détenue de nos jours par le musée Tavet-Delacour devait pour sa part avoir le cœur bien accroché. Il est vrai qu'il s'empara également de la jambe de la reine qui ne devait pas être bien ragoûtante !

Un siècle après ce vol, Barnum apprenant que Sarah Bernhardt devait être amputée, lui proposa bien plusieurs milliers de dollars pour sa jambe ! Cette proposition abominable ne choqua en aucune manière la comédienne. Fascinée par la mort, elle dormit presque toute sa vie dans un cercueil de bois de rose capitonné de satin blanc avec pour compagnons un squelette et une tête de mort ! Entre amateurs de reliques, on se comprend !

Bien que les « reliques dermiques » ne soient pas légion, le docteur Cabanès et Lenotre, respectivement spécialistes des secrets d'alcôves et de la petite histoire, sont tout de même parvenus à dénicher quelques croustillantes anecdotes touchant à la peau. Ainsi, dans un article du *Monde illustré* en date du 16 avril 1898, Lenotre relate que le musée Carnavalet expose « un petit livre, haut comme le doigt, épais comme un agenda de poche et couvert d'une reliure de cuir uni, un peu jaune, très doux au toucher ; on l'ouvre ; c'est un exemplaire de la Constitution de

1793, provenant de la collection Villenave : il porte, sur ses gardes, une note manuscrite indiquant que la reliure est faite de peau humaine ». Évoquant également cet ouvrage, la revue *La Reliure* d'août 1893, organe de la Chambre syndicale patronale des Relieurs doreurs, décrit pour sa part comment cet exemplaire de la Constitution fut à l'origine d'une violente polémique portant sur l'existence réelle ou supposée d'une tannerie de peau humaine, installée à Meudon sous la Terreur. Aujourd'hui encore, les chantres du souvenir chouan croient dur comme fer à l'existence de cette tannerie et sont convaincus que la reliure de la Constitution de 1793 dont le musée Carnavalet est aujourd'hui encore propriétaire est faite très spécifiquement de « peau d'aristocrate ». En tous cas, ceux qui en furent les détenteurs avant son acquisition par le musée en 1889 étaient indéniablement de fervents opposants à la Révolution, puisqu'il s'agit du marquis de Turgot, puis de Villenave, auteur en 1794 après le 9 thermidor, de *Noyades, Fusillades ou réponses au rapport Carrier* et directeur du *Journal des curés.* Le Villenave en question avait fait partie d'un groupe de cent trente et un Nantais qui furent arrêtés et faillirent être noyés à Angers pour leurs idées contre-révolutionnaires. Pour quelle raison aurait-il souhaité acquérir un exemplaire d'une Constitution à laquelle il s'était farouchement opposé, sinon pour avoir la certitude que la peau d'aristocrate dont il la croyait reliée échouerait entre des mains amies et pour transmettre à la postérité ce bouleversant témoignage des atrocités commises en Vendée au nom de la Nation ?

Reprenant ensuite une anecdote publiée dans la *Chronique médicale* du docteur Cabanès, Lenotre poursuit son article en racontant que le lycée de Versailles aurait possédé avant 1870 dans son cabinet d'histoire naturelle, non pas une parcelle de peau, mais la peau tout entière d'un jardinier mort sous l'Empire pendant le blocus continental, alors que l'approvisionnement en peaux était totalement interrompu. En ce temps de pénurie absolue, on aurait été contraint comme on fait « feu de tout bois » de « faire cuir de toute peau » ! Le journaliste ajoute que le Musée d'histoire naturelle de Nantes possédait quant à lui la peau d'un soldat républicain qui, au moment de mourir, demanda à ce que sa peau soit tannée et serve à confectionner un tambour pour battre la charge contre les royalistes. Lenotre précise que ce vœu ne fut pas exaucé et que le républicain en question « fut privé de la gloire qu'il avait ambitionnée de faire encore du bruit après sa mort ».

Chacun voyant midi à sa porte, le journal du *Souvenir chouan de Bretagne* évoque dans ses colonnes « le scandale de la peau de combattant chouan exposée au Muséum d'histoire naturelle de Nantes durant l'hiver 2002 [qui] a contribué également à faire mieux connaître ce summum de la barbarie perpétrée par les troupes républicaines durant l'hiver 1793-1794 » et d'ajouter plus loin : « Rappelons que c'est à Reynald Secher que nous devons le mérite d'avoir osé présenter, lors de ses conférences en 1986-1987, une diapositive de la peau de Vendéen intacte qu'il avait découverte aux archives historiques du château de Vincennes. »

Se pourrait-il que la peau exposée au musée de Nantes en 2002 et présentée en 2006 par une revue bretonne comme étant celle d'un combattant chouan soit en fait la peau du républicain, décrite dans le *Monde illustré* en 1898 ? Une question dont, à n'en pas douter, la très vivace cause bretonne ne manquera pas de s'emparer sur-le-champ lorsqu'elle viendra à en prendre connaissance.

Une autre étonnante affaire de peau impliqua l'un des plus grands scientifiques français. Une jeune comtesse étrangère férue de sciences et grande admiratrice de Camille Flammarion invita l'astronome dans son château du Jura. Tuberculeuse, se sachant condamnée, elle lui aurait dit : « Je vous donnerai plus tard une chose que vous ne pourrez pas refuser sans me faire offense. » Et de fait, quelques temps après, Flammarion reçut un paquet contenant « une peau blanche, épaisse, douce au toucher » accompagnée d'un petit mot de la main du médecin de la jeune femme : « Cher Maître, j'accomplis ici le vœu d'une morte qui vous a étrangement aimé. Elle m'a fait jurer de vous faire parvenir, le lendemain de sa mort, la peau des belles épaules que vous avez si fort admirées [...] Son désir est que vous fassiez relier dans cette peau le premier exemplaire du premier ouvrage de vous qui sera publié après sa mort [1]. »

Aussi invraisemblable et lugubre qu'elle paraisse, cette anecdote est cependant tout à fait

1. *Le Monde illustré.*

authentique. Camille Flammarion la relata lui-même au cours d'un entretien publié dans la presse de l'époque. Lenotre en a romancé certains aspects puisque, de son côté, Flammarion affirma ignorer l'identité de la dame qui lui avait fait ce legs extravagant. Hésitant et gêné, le scientifique respecta cependant les dernières volontés de l'inconnue et fit déposer la peau ainsi que *Terres du Ciel* son dernier opus en cours de publication chez un artisan de la rue de la Reine-blanche. Ce travail demanda trois mois. Par la suite, Flammarion conserva l'ouvrage où figurait l'inscription « Souvenir d'une morte », dans sa bibliothèque de Juvisy. Le livre s'y trouvait encore en 1925.

Qu'elles aient appartenu à un aristocrate, une comtesse étrangère, un jardinier, un républicain ou un chouan, les peaux évoquées jusqu'ici demeurent anonymes et sont qualifiées uniquement par le métier, le sexe, l'appartenance sociale ou politique de leurs propriétaires. Cela confirme bien que la seule idée que l'on ait pu tanner et conserver la peau d'individus dûment identifiés soulève le cœur et révolte les consciences, même en un XIXe siècle particulièrement friand de reliques funéraires.

Cependant, le journal *L'Impartial* publiera en 1902 un article concernant un écorché dont il ne craindra pas de dévoiler l'identité à ses lecteurs. Il s'agit de Jacques Delille, immense auteur, académicien contemporain de Voltaire, plus connu sous le nom d'« abbé Delille ». En 1813, lorsqu'il décède, Edmond Leroy son avocat qui assistait à l'embaumement aurait obtenu l'autorisation d'emporter deux morceaux de la peau de l'écrivain avec lesquels il fit relier son exemplaire personnel de la traduction par Delille des *Géorgiques* de Virgile. Un hommage à l'auteur aussi macabre qu'hors du commun !

Dans une revue qui paradoxalement semble n'être disponible qu'au département « agriculture » d'une bibliothèque américaine, Laurence S. Thomson consacre tout un article sous le titre « *Tanned Human Skin* » à la peau d'un célèbre criminel nommé Pranzini. Elle y décrit le tannage de la peau des assassins comme une pratique très en vogue en Angleterre au XIXe siècle. Décidément, curieuse époque que ce XIXe où l'on tâte les protubérances crâniennes, où l'on coupe mèche sur mèche, où l'on collectionne les ossements célèbres pour les exposer, quand ce n'est pas pour les vitrifier, et où enfin l'on tanne les peaux humaines ! D'après Laurence S. Thomson, la France ne pratiqua guère cet abominable artisanat, mais fut tout de même le théâtre d'une ténébreuse affaire liée à la peau de ce Pranzini, un tueur de femmes que la presse de l'époque n'appelait que « le chéri magnifique ». Emprisonné à la Roquette, il fut condamné à mort pour le triple meurtre de la rue Montaigne à Paris, commis dans la nuit du 19 au 20 mars 1887. Thérèse de Lisieux, ayant lu les articles de *La Croix* au sujet de cette affaire criminelle, entreprit de convertir l'assassin en priant pour lui, et lui demanda un signe qui lui dirait si elle avait réussi. Quelques minutes avant son exécution, le 31 août 1887, Pranzini réclama le crucifix qu'il embrassa. Thérèse de Lisieux y vit la preuve de la puissance de la prière. Elle désigna le criminel comme le « premier de ses enfants » et décida qu'elle continuerait à prier pour sauver les âmes. Après l'exécution, le corps de Pranzini fut confié à la faculté de médecine, aucun membre de la famille n'étant venu le réclamer. En revanche, un officier de police se manifesta et demanda un morceau de peau pour se faire confectionner... un porte-cartes ! Le préfet de police ayant eu vent de l'affaire exigea que le corps et toutes reliques éventuellement prélevées sur lui fussent immédiatement brûlés, mais l'histoire vint à se savoir et fit scandale. Dans une autre version du même évènement, les deux patrons de la police française, MM. Taylor et Goron, auraient chacun obtenu 40 cm^2 de la peau de Pranzini, qu'ils auraient ensuite fait tanner chez Destresse, l'un des relieurs parisiens les plus réputés du moment. Ce fait divers, auquel se trouvèrent mêlés aussi bien le « chéri magnifique » tueur de femmes que la future sainte Thérèse de Lisieux et les huiles de la police parisienne férues d'un genre assez particulier de maroquinerie, allait monopoliser les gros titres pendant des semaines. Pour savoir à quoi ressemblait Pranzini, il suffit de se rendre au musée de la Préfecture de Police, rue des Carmes, dans le Ve arrondissement : un moulage de sa tête y est en effet exposé. Son visage est effrayant, sans toutefois l'être autant que celui du fameux Bonnot, le chef de bande dont la tête aurait été conservée dans le formol. Deux fonctionnaires du Musée de la Préfecture ont longuement comparé cette tête bouffie aux photos figurant dans les archives de la police. Ils sont convaincus qu'il s'agit bien du célèbre criminel, mais il conviendrait de procéder à quelques analyses ADN pour s'en assurer. Que les descendants de Bonnot veuillent bien se mettre en rang derrière ceux du roi Dagobert !

On ne saurait en terminer avec ces horribles histoires de peau, sans mentionner une ultime anecdote dénichée dans le *Journal, Mémoires de la vie littéraire* d'Edmond et Jules de Goncourt (1888). Les deux frères racontent avec jubilation comment un jeune interne de l'hôpital de Clamart fut renvoyé parce qu'il fournissait à un éditeur du faubourg Saint-Germain la peau de patientes décédées à l'hôpital, destinée à relier des livres « obscènes ». Les frères Goncourt avaient rencontré, disaient-ils, un certain Isidore Lisieux, éditeur d'ouvrages « licencieux » qui affirmait avoir eu entre les mains un exemplaire de la *Justine* de Sade relié en peau... de seins !

Cerveaux

Mithridatisé contre les maux de cœur par l'affriolant exposé sur les tanneries de peau humaine qui vient de lui être proposé, le lecteur est maintenant paré à découvrir les charmes d'un autre organe encore moins ragoûtant que la peau : le cerveau ! Glanera-t-on quelques exemples du côté des « saintes reliques cérébrales » ? Après tout, en plus des deux têtes reconnues officiellement par le Vatican comme étant « celle » de saint Pierre (l'une se trouvant à Saint-Pierre de Rome, l'autre à Saint-Jean-de-Latran), les treize crânes de saint Jean-Baptiste s'offrent également à l'investigation : ne s'en trouvera-t-il pas un sur treize pour avoir conservé son cerveau ? Dans le cas contraire, la recherche de sainte cervelle pourrait être élargie aux cent vingt saints céphalophores répertoriés par Pierre Saint-Yves dans *Les Reliques et les images légendaires*. Ces saints céphalophores, tout comme saint Denis, perdirent leur tête, la prirent alors sous le bras et firent un dernier petit tour avec, avant que de monter aux cieux. Mais non, aucune sainte relique cérébrale ne semble devoir être attendue non plus de ce côté-là.

Côté profane en revanche, le bel et noble organe, siège de la pensée, est chouchouté, dorloté et conservé sous toutes ses formes : parcellisé et archivé entre deux lames de verre, conservé bien frais, dès son extraction, dans des bocaux de formol, ou déposé pour s'y dessécher jusqu'à la fin des temps dans des socles de statues. Toutefois, la conservation de cerveaux semble être l'apanage quasi exclusif des muséums d'histoire naturelle ou des facultés de médecine. Victime tout comme la peau de son apparence rebutante, le cerveau est rarement au goût des particuliers collectionneurs d'illustres abattis. Tout au contraire, les anthropologues du XIXe, passionnés par les relations entre volume du cerveau et intelligence, se seraient damnés pour s'en procurer. Lorsque Broca trouvait une nouvelle boîte crânienne, il la fourrait d'une grenaille qu'il pesait ensuite, ce qui lui permettait d'estimer le volume des cerveaux qu'il étudiait. Il appliqua cette technique au crâne de Descartes qu'il truffa de sa farce à la grenaille et, la chose a été mentionnée, il exprima sa surprise qu'un aussi petit cerveau ait pu abriter un si grand génie. Le cerveau de Gambetta, détenu aujourd'hui encore par le musée Orfila, rue des Saints-Pères à Paris, appartenait lui aussi à la catégorie poids plume : il ne pesait qu'1,100 kg, là où certains cerveaux peuvent atteindre plus de 2 kg. Dans le même ordre d'idées, le cerveau de Tourgueniev pesait 2 kg, tandis que celui d'Anatole France ne pesait qu'un tout petit kilogramme. Celui de Byron pesait 2,3 kg et celui de Marilyn Monroe 1,4 kg, ce qui en terme de volume cérébral place l'actrice entre Gambetta et Anatole France ! S'ils avaient pu avoir en mains le cerveau de Marilyn Monroe, Broca et Cuvier auraient certainement conclu qu'elle était bien plus brillante qu'Anatole France, puisqu'ils étaient convaincus que l'intelligence était proportionnelle au volume du cerveau. Eux-mêmes, conscients de n'avoir fait que tâtonner dans une voie très prometteuse, ne craignirent pas d'être soumis à l'appréciation de leurs pairs et firent preuve d'un grand fair-play en léguant à leur tour leurs propres cerveaux à la science.

Seules les reliques profanes dont le destin fut particulièrement mouvementé sont appelées à figurer dans ces pages. Or, dans la plupart des cas, les cerveaux jugés dignes d'être conservés passèrent directement de la boîte crânienne de leur propriétaire à la « boîte à Pétri » où ils feraient l'objet d'expériences diverses ou au bocal qui leur tiendrait lieu de dernière demeure. Si l'on prétend ne s'intéresser qu'aux cerveaux ayant connu d'autres mésaventures que la mise en bocal, les exemples se font rares. Le long séjour du cerveau de Voltaire dans l'officine du pharmacien

Mitouart puis sa dessiccation dans le socle d'une statue le représentant à la Comédie-Française ont déjà été évoqués. Le cerveau de Buffon, naturaliste auteur d'une *Histoire naturelle* qui fit sa renommée, se trouve lui aussi dans le socle d'une statue. Mort le 16 avril 1788 dans son hôtel du Jardin des Plantes, Buffon fut inhumé dans l'église Sainte-Urse-de-Montbard. L'église est profanée à la Révolution et seul va survivre au saccage le cervelet de Buffon, légué on ne sait trop comment au naturaliste Faujas de Saint Fonds. Ce cerveau retrouva donc Paris où il avait émis sa toute dernière pensée et fut placé dans le piédestal de la statue de Buffon au Muséum d'Histoire naturelle de Paris. Il s'y trouve toujours. (L'intérêt de Faujas de Saint Fonds pour les reliques devait être de notoriété publique, car après avoir hérité du cerveau de Buffon, il reçut en cadeau une mèche de cheveux de la marquise de Sévigné.)

À la vérité, pour trouver des histoires de cerveaux dignes de concourir pour la palme de la relique profane, il faut franchir les frontières de l'hexagone et évoquer, fût-ce brièvement, certains cerveaux étrangers. Au premier rang de la matière grise internationale, il conviendrait bien sûr de citer le cerveau de Lénine, découpé en trente et une mille tranches et à l'intention duquel le neurobiologiste allemand Oscar Vogt reçut en 1925 du gouvernement soviétique la mission de créer l'Institut du Cerveau. Dans les années trente, la collection de l'Institut s'enrichit des cerveaux de dirigeants du parti, tels ceux de Kalinine, de Kouïbychev et même de la Kroupskaïa, épouse de Lénine, de ceux d'écrivains tels Gorki et

Maïakovski, et même de cerveaux de scientifiques comme celui de Pavlov. Ces brillantes cervelles seront rejointes par la suite par celles de Staline et de différents prix Nobel. L'Institut du Cerveau mènera sur le génie et la pathologie des recherches extrêmement sérieuses, mais fondées sur un postulat de départ idéologiquement inébranlable : le cerveau de Lénine était et devait rester à tout jamais le plus génial de tous les temps ! Dans un ouvrage intitulé *L'Ultime Diagnostique du génie*, l'historienne Monika Spivak prétend également que l'Institut détiendrait le cerveau parcellisé d'Andreï Sakharov, prix Nobel inventeur de la Bombe H soviétique. Il y aurait là une vraie ironie du sort, car le cerveau d'Einstein, père de la bombe atomique américaine, connut outre Atlantique un destin un peu similaire au sien. À la mort d'Albert Einstein le 18 avril 1955, le médecin qui pratiqua l'autopsie à Princeton conserva le cerveau en deux cent quarante morceaux, contre l'avis de la famille. Ce médecin, un certain Thomas Harvey, est aujourd'hui un très vieux monsieur dont la carrière a été entachée par ce rapt de cerveau dont il revendique toujours la motivation purement scientifique. Une partie du cerveau d'Einstein a été conservée par l'hôpital de Princeton, tandis que Thomas Harvey remisait le reste à son domicile dans deux grandes boîtes à biscuits. Ayant récemment émis le souhait de remettre ce qu'il lui restait du cerveau d'Einstein à la petite-fille du mathématicien vivant en Californie, Harvey a été pris au mot par un certain Paterniti, un journaliste auquel il venait de confier ce projet. Les deux hommes ont donc traversé le continent américain en voiture jusqu'en Californie, avec dans leur coffre un tupperware contenant une partie du cerveau d'Einstein. C'est cet extraordinaire voyage que raconte Michael Paterniti dans son best-seller, *Driving Mr Albert.*

Pour un organe aussi noble que le cerveau, le bilan est plus que mitigé : absence de « saintes reliques cérébrales », localisation de quelques cerveaux célèbres mais sans histoire, nageant dans le formol ou se desséchant dans des socles de statues, identification de quelques exemples pittoresques mais étrangers... À la rubrique « cerveaux » de nos « Bas morceaux », il n'y a décidément pas grand-chose à se mettre sous la dent. Peut-être en va-t-il de la matière cérébrale comme des entrailles ? Comme elle se décompose rapidement, il faut s'en débarrasser au plus vite quand bien même elle aurait appartenu à la plus éminente des boîtes crâniennes ! Victor Hugo affirme dans *Choses vues* qu'un sort de cette nature fut réservé au cerveau de Talleyrand, l'un des plus brillants esprits du XIXe siècle : « Eh bien, avant-hier 17 mai 1838, cet homme est mort. Des médecins sont venus et ont embaumé le cadavre. Pour cela, à la manière des Égyptiens, ils ont retiré les entrailles du ventre et le cerveau du crâne. La chose faite, après avoir transformé le prince de Talleyrand en momie et cloué cette momie dans une bière tapissée de satin blanc, ils se sont retirés, laissant sur une table la cervelle, cette cervelle qui avait pensé tant de choses, inspiré tant d'hommes, construit tant d'édifices, conduit deux révolutions, trompé vingt rois, contenu le monde. Les médecins partis, un valet est entré, il a vu ce qu'ils avaient laissé : Tiens ! Ils ont oublié cela. Qu'en faire ? Il s'est souvenu qu'il y avait un égout dans la rue, il y est allé, et a jeté le cerveau dans cet égout. *Finis Rerum.* » Les biographes de Talleyrand contestent cette version des faits, relatée par un auteur qui selon eux haïssait le prince de Bénévent. En fait, on ignore ce qu'il advint réellement du cerveau. Baigne-t-il quelque part dans l'esprit-de-vin ? Fut-il jeté par Micard le pharmacien embaumeur, dans la bouche d'égout qui existait effectivement à l'époque au coin de la rue Richepance et de la rue Duphot ? Quel dommage de ne pas l'avoir sous la main. Aurait-il été plus ou moins lourd que celui de Marilyn Monroe ? Aurait-il montré une particularité quelconque, comme celui d'Einstein qui avait pour caractéristique d'être par son volume inférieur de 10 % à la moyenne et de ne pas présenter de scissure de Sylvius, cette tranchée séparant les deux parties du cerveau ? Jusqu'en 1930, on pouvait se consoler de l'incertitude pesant sur le sort du cerveau de Talleyrand, en se rendant à Valençay pour y contempler le visage en chair et en os de son propriétaire. Dans sa biographie de Talleyrand (*Le Prince immobile*) Emmanuel de Waresquiel signale en effet que, jusqu'à cette date, la partie haute du cercueil de l'évêque d'Autun était pourvue d'une vitre à travers laquelle on pouvait apercevoir « son visage momifié grimaçant pour certains, énigmatique jusque dans la mort pour d'autres ». Le spectacle de cet illustre personnage pétrifié, fixant le plafond pour l'éternité de ses yeux en émail, devait à n'en pas douter produire une forte impression sur les visiteurs. De nos jours, on ne peut même plus se rendre sur sa tombe dans la chapelle de l'école de Valençay, puisque l'actuel propriétaire en interdit l'accès au public. Faute de tombeau, les admirateurs du grand homme peuvent aller se recueillir au château sur une relique inanimée mais poignante, parce qu'elle résume le destin de Talleyrand, spolié de son droit d'aînesse à cause de son pied bot : sa chaussure orthopédique ! Le handicap a véritablement façonné cet homme dont on a malencontreusement perdu le cerveau mais fort heureusement conservé les mots d'esprit.

Cœurs

Le 8 juin 2004 s'est déroulée à la basilique de Saint-Denis une cérémonie comme on en avait probablement plus vu depuis Louis XVIII et la Restauration. Serrant précautionneusement entre ses mains l'urne de cristal où ballottait un petit cœur calcifié, le prince Amaury de Bourbon-Parme, jeune garçon d'une dizaine d'années, s'est avancé lentement vers l'autel, tandis qu'un chœur d'enfants interprétait la bouleversante ouverture du *Stabat Mater* de Pergolèse. Le cardinal Jean Honoré, archevêque honoraire de Tours, s'apprêtait à célébrer une grande messe « en blanc », en signe d'espérance, en présence du nonce apostolique en France, Mgr Fortunato Baldelli, et de nombreux descendants de Louis XIV dont le jeune prétendant au trône de France, côté Bourbon : un superbe jeune homme descendant de Louis XIV et petit-fils du général Franco. La basilique était pleine à craquer. Dehors, le parvis était noir de monde. À 15 heures, le cœur du dauphin Louis XVII, second fils de Louis XVI et de Marie-Antoinette, plus connu sous le nom d'« enfant du Temple », était officiellement déposé dans la crypte de la basilique, ancienne nécropole des rois de France.

Son cœur reposait déjà à Saint-Denis depuis de nombreuses années, mais dans une chapelle adjacente à celle où furent inhumés le 21 janvier 1815 les restes mortels de Louis XVI et Marie-Antoinette, car une grande incertitude pesait encore sur son authenticité. Désormais, le dauphin sommeille pour toujours auprès de ses parents. La date de ce transfert n'a pas été choisie au hasard, car c'est le 8 juin 1795 que le pauvre enfant mourut dans la solitude et les plus affreuses souffrances. Le cœur de ce malheureux garçon est évidemment celui au monde qui a fait le plus parler de lui ces dernières années. Des milliers de livres ont été consacrés à l'affaire Louis XVII, et de même que la mort de Napoléon a suscité la naissance des écoles « subsitutionniste » et « empoisonniste », l'affaire Louis XVII a généré l'apparition des écoles « survivantiste » et « naundorffiste », de Naundorff, nom sous lequel l'enfant aurait survécu (rappelons pour mémoire qu'en plus de ce Naundorff, il y eut quarante-trois faux dauphins dont les plus célèbres furent Hervagault et Richemont).

Après avoir publié une biographie de l'enfant du Temple en 1995, pour le bicentenaire de sa mort, le journaliste et historien Philippe Delorme a acquis la certitude qu'il était bel et bien mort au Temple et n'avait pas survécu à son emprisonnement. Le journaliste est donc entré en contact avec le duc de Bauffremont, président du Mémorial de France à Saint-Denis, pour lui proposer de faire réaliser une analyse ADN du cœur dont l'institution qu'il préside était dépositaire. Il s'agissait de prouver que ce viscère, prélevé par le docteur Pelletan le 9 juin 1795 sur l'enfant mort au Temple, présentait le même ADN mitochondrial que Marie-Antoinette. Pour procéder à cette analyse, les chercheurs disposaient de cheveux de Marie-Antoinette extraits d'un bracelet dans lequel sa mère Marie-Thérèse conservait des cheveux de chacun de ses seize enfants. Une goutte du sang d'une de ses descendantes en droite ligne, apparentée à la famille royale de Roumanie, fut également prélevée. Les analyses génétiques, réalisées en avril 2000 par les laboratoires de Louvain et de Münster, établirent que ce cœur était en effet celui d'un enfant apparenté par les femmes à Marie-Antoinette. L'enfant mort au Temple ne pouvait donc être que Louis XVII. Dans l'ouvrage qu'il consacre à ce sujet, *Louis XVII la vérité*, Philippe Delorme démontre qu'à aucun moment, depuis son extraction de la poitrine du dauphin jusqu'à son transfert à Saint-Denis, la trace de cet organe n'a été perdue. Chaque fois qu'il est passé d'une main à l'autre, la chose a fait l'objet de procès-verbaux, d'actes notariés, de déclarations sur l'honneur. On connaît parfaitement bien les détails de toutes ses pérégrinations. Dieu sait pourtant en combien de mains et de pays il voyagea, entre Pelletan, ses héritiers, Édouard Dumont un « blanc d'Espagne », puis dom Carlos, héritier du comte de Chambord qui après en avoir hérité officiellement l'emporta avec lui à Venise, puis au château de Frohsdorf en Autriche. Le cœur bourlingua entre l'Autriche et l'Italie au gré des événements politiques du moment : invasion de l'Autriche par Hitler en 1938, arrivée des Russes en Autriche en 1942... Bien longtemps après la fin de la Seconde Guerre mondiale, les petites-filles de dom Carlos prirent finalement la décision d'offrir cette relique à la France. En 1975, à l'occasion de cet acte historique et politique pour le moins singulier, les descendantes de Louis XIV furent reçues à l'Élysée par Valery Giscard d'Estaing. Peut-être fut-ce ce premier hommage rendu à une relique venue du fond des âges qui donna un an plus tard au président français l'idée de faire rendre les honneurs militaires à la momie de Ramsès II ?

L'enfant du Temple était bien Louis XVII, il peut désormais reposer pour l'éternité auprès de ses parents. Peut-on croire une seule minute que chacun se soit résolu à cette conclusion ? Ce serait bien trop simple ! En réalité, le transfert du cœur d'une crypte à l'autre a provoqué un tollé général chez les « survivantistes » qui ont la conviction que le cœur expertisé n'était pas celui du dauphin. Une chatte n'y retrouverait pas ses petits ! Et pourtant, cette question de l'authenticité du cœur du dauphin a déclenché une polémique aussi violente que celle qui touche à l'empoisonnement de Napoléon. Les deux camps s'invectivent quotidiennement par articles, livres et sites Internet interposés.

Quels sont les arguments des « survivantistes » ? Selon eux, le cœur dont l'ADN mitochondrial a été analysé n'était pas celui du jeune dauphin emprisonné au Temple, mais celui de son frère aîné, le premier dauphin, Louis Joseph, mort en 1789. Impossible, répond Philippe Delorme, puisque le cœur analysé a simplement été soustrait discrètement par Pelletan au moment de l'autopsie du dauphin et mis dans l'esprit-de-vin, où il s'est progressivement calcifié après évaporation de l'alcool, alors que traditionnellement les viscères royaux étaient embaumés. Le cœur du frère aîné, Louis Joseph, conservé au Val-de-Grâce, avait forcément fait l'objet d'un traitement conservatoire de ce type. Il fut donc lavé, ouvert et fourré d'aromates comme un chausson aux pommes, puis emballé dans des bandelettes d'étoffe ou de petits sacs de toile. On ne saurait confondre deux viscères ayant subi des traitements aussi différents. Par ailleurs, pour intervertir les cœurs des deux frères, encore aurait-il fallu disposer du cœur de l'aîné. Or, celui-ci fut perdu lors de la profanation du Val-de-Grâce en 1793, réapparut brièvement en 1817, puis fut semble-t-il perdu corps et biens. Le « cœur Pelletan » est donc le bon, persiste et signe Philippe Delorme, malgré les contestations suscitées par cette conclusion.

Vice-présidente du « Cercle d'Études historiques sur la question Louis XVII », Laure de La Chapelle conteste que l'on puisse parler d'embaumement à propose des cœurs royaux. Selon elle, ces cœurs n'étaient en aucun cas vidés (car alors, fait-elle remarquer, qu'en serait-il resté ?) mais mis dans de l'alcool, roulés dans des aromates destinés non à les conserver mais à les parfumer, et emballés dans des bandelettes. Par conséquent, le cœur de l'aîné des deux frères doit avoir aujourd'hui très exactement l'aspect de celui de son cadet ; c'est ce cœur qui a été analysé ce qui explique la concordance de son ADN avec celui de Marie-Antoinette. L'urne contenant le cœur du dauphin a dû être ouverte, son contenu modifié pour dissimuler la survie de Louis XVII. La thèse « survivantiste » reprend du poil de la bête et les « naundorffistes » clament de plus belle que les os expertisés comme étant ceux de Naundorff n'étaient certainement pas les siens. Selon eux, rien n'a été prouvé par Philippe Delorme, l'enfant du Temple a bien survécu. En somme, tout est à recommencer !

Au lendemain de la Révolution, des quantités de cœurs royaux furent mis en circulation dans Paris. À elle seule, la chapelle Sainte-Anne du Val-de-Grâce renfermait dans un caveau les cœurs, embaumés et enfermés dans une double enveloppe de plomb et de vermeil, de trente-six princes et princesses de la famille royale. Selon une tradition remontant au XIIIe siècle, certains organes étaient prélevés sur les dépouilles royales embaumées, pour être déposés dans un lieu auquel le souverain voulait marquer son affection ou dans quelque institution qu'il souhaitait honorer par ce don. Ainsi, le cœur d'Henri IV, dont il a déjà été question dans un précédent chapitre, fut-il offert au Collège royal de La Flèche auquel le monarque était très attaché. À la faveur de travaux de restauration, on a retrouvé sous l'autel de la Sainte-Chapelle, le 15 mai 1843, un coffret de plomb contenant un cœur que l'on pense être celui de saint Louis, viscère qui tôt ou tard fera l'objet d'expertises. Enfin, les « Trois Grâces », sculpture de Germain Pilon exposée au Louvre, étaient en fait le reliquaire du cœur ou « carditaphe » d'Henri II. Jusqu'à la Révolution, l'urne que portent les Grâces était en vermeil et contenait le cœur du roi, mais elle a été vidée, fondue et remplacée par sa copie en bois doré. Il en alla de même pour Louis XIII et son fils Louis XIV. Tandis que leurs corps étaient inhumés à Saint-Denis, leurs entrailles et leurs cerveaux furent déposés à Notre-Dame, dans une cavité aménagée dans les marches menant à l'autel. Quant à leurs cœurs, ils furent offerts à l'église Saint-Paul Saint-Louis dans le Marais. Sous les voûtes, de chaque côté du chœur, rappelés aujourd'hui encore par des inscriptions latines du XIXᵉ, se trouvaient suspendus des anges d'argent drapés de vermeil, portant leurs deux cœurs embaumés. Le tout fut fondu sur l'ordre de la Convention. Mais ces deux cœurs extraits de leurs reliquaires vont avoir un destin tout à fait extraordinaire. Un certain Louis-François Petit-Radel, autrefois architecte du roi (pourrait-il s'agir du Petit-Radel qui récupéra l'auriculaire du cardinal de Richelieu et en fit don à son frère, conservateur de la bibliothèque Mazarine en 1814 ?) est chargé par la Convention de récupérer les reliquaires. Que va-t-il faire de leur contenu ? Certainement pas s'en débarrasser, car il sait que ces cœurs desséchés ont une immense valeur pour... les peintres ! Macérés dans l'alcool, broyés avec certaines huiles, ces viscères momifiés sont la matière première indispensable à la préparation de « mumie », une matière rare et coûteuse, sorte de glacis brunâtre absolument unique donnant aux toiles qui en sont enduites une tonalité incomparable. On peut obtenir de la mumie à partir de fragments de momies égyptiennes ou de dépouilles retrouvées dans des tourbières, mais cela coûte extrêmement cher. Par ailleurs, le cœur momifié est par excellence l'organe dont le broyage permet d'obtenir le *nec plus ultra* de la mumie. C'est dire quelle fut sans doute la joie du paysagiste Alexandre Pau de Saint-Martin, lorsque Petit-Radel lui proposa d'acquérir les cœurs des deux grands rois, contre quelque argent ou plus probablement contre la promesse de recevoir en échange l'une des futures toiles du peintre. Lors de la mise à sac de la chapelle Sainte-Anne du Val-de-Grâce, Petit-Radel sera également présent, de sorte qu'il se trouvera bientôt à la tête d'une importante collection de cœurs royaux ! Il conservera les plaques indiquant les noms des propriétaires des viscères subtilisés et vendra certains de ces organes au peintre Martin Drolling, élève de David et futur prix de Rome. Laure de La Chapelle précise que Drolling acheta les cœurs « de Marie-Thérèse, de la duchesse de Bourgogne et du Régent ». Mais Jacques Hillairet, historien spécialiste de l'histoire de Paris, présente une toute autre version de cette anecdote. D'après lui, lorsque mourut le Régent, personnage immortalisé par Philippe Noiret dans le film *Que la fête commence*, son cœur déposé sur une table aurait été dévoré par un grand chien danois qui passait par là ! Le cœur de la Grande Mademoiselle, duchesse de Montpensier, conservé lui aussi au Val-de-Grâce, fait également l'objet de récits contradictoires. Voici ce que Saint-Simon raconte à son propos dans ses mémoires : « Au milieu de la journée et de toutes les personnes de la cérémonie présentes, l'urne qui contenait les entrailles, et qui était sur une crédence, tomba et se brisa avec un bruit épouvantable [...] la confusion fut extrême, la plupart gagnèrent le jardin et les cours. C'étaient les entrailles mal embaumées qui avaient causé ce fracas. Tout fut parfumé et rétabli. » Le corps partit pour Saint-Denis, les entrailles pour le couvent des Célestins et le cœur au Val-de-Grâce. Hillairet prétend quant à lui que le coffret contenant le cœur de la Grande Mademoiselle explosa à bord du carrosse emprunté par l'abbé de la Combe, premier aumônier de la princesse, pour convoyer l'organe à la chapelle Sainte-Anne. Où est la vérité ? Entrailles et cœur de la Grande Mademoiselle auraient-ils successivement explosé ?

Pour en revenir aux cœurs de Louis XIII et de Louis XIV, il semblerait que Pau de Saint-Martin ait utilisé une partie de celui de Louis XIV, plus volumineux que celui de son père, pour confectionner une mumie dont il badigeonna l'une de ses œuvres, une *Vue de Caen* qui est aujourd'hui la propriété du musée... Tavet-Delacour ! De son côté Drolling utilisa sa précieuse mumie royale pour mettre la dernière touche à l'une de ses toiles intitulée *Intérieur d'une cuisine*, un tableau exposé aujourd'hui au musée de Sélestat, ville dont Drolling était originaire. Tous ces princes et princesses qui n'avaient probablement jamais mis les pieds dans une cuisine de leur vivant sont désormais condamnés à y demeurer pour l'éternité sous forme de badigeon ! D'après Hillairet, les toiles de Drolling exposées à Saint-Sulpice contiendraient également de ce macabre glacis. Le musée du Louvre possède également une toile qui en serait enduite, mais il s'oppose fermement à toute expertise. Il est étrange de penser que si l'on procédait à de telles analyses, on trouverait peut-être l'ADN de Louis XIV mélangé à celui de la Grande Mademoiselle, alors qu'ils furent longtemps ennemis, le monarque ayant banni la duchesse de Montpensier de la Cour pendant des années, pour avoir soutenu Condé pendant la Fronde. Voilà les cœurs du Roi Soleil et de la femme la plus riche et la plus laide d'Europe, intimement « mixés » et « étalés » sur une toile !

Saint-Martin conserva les deux cœurs jusqu'à la seconde Restauration et les aurait restitués en deux fois, gêné de rendre un organe « entamé », victime par sa faute d'un crime de lèse-majesté sans précédent. (Cette restitution est d'ailleurs également sujette à controverse, Laure de La Chapelle étant persuadée que le cœur utilisé par le peintre était non celui de Louis XIV mais celui de Louis XIII.)

Pour prix de cette restitution, le roi Louis XVIII offrit à Saint-Martin... une tabatière en or ! Le monarque suspicieux n'était guère disposé à se montrer trop généreux envers ceux qui lui restituaient les « abattis » des membres de sa famille. À Pierre Seveste, petit-fils d'un commis du fossoyeur de 1793, ayant aidé à identifier l'endroit précis de l'ancien cimetière de la Madeleine où avaient été inhumés Louis XVI et Marie-Antoinette, le souverain attribua le privilège d'ouvrir en banlieue des théâtres autorisés à jouer les pièces parisiennes. Une gratification indéniablement plus saugrenue que royale !

D'autres cœurs illustres, quoique moins aristocratiques, connurent un destin aussi aventureux. Frédéric Chopin est bien enterré au cimetière du Père-Lachaise, mais il exigea que son cœur soit prélevé à sa mort, car il était hanté à l'idée d'être enterré vivant. On respecta sa volonté : son cœur fut prélevé et offert à l'église Saint-Croix de Varsovie, tandis qu'à Paris un coffret rempli de terre de Pologne, pays dont Chopin était originaire, était déposé dans son cercueil. Plus de cœur dans la tombe de Chopin ? Qu'à cela ne tienne, la capitale française dispose d'une « botte secrète », un extraordinaire « vivier » de cœurs très peu connu du grand public : les Invalides ! Napoléon et son fils en sont naturellement les hôtes les plus célèbres, mais on sait peu que tous les anciens gouverneurs des Invalides y sont également inhumés, ainsi que les cœurs de nombreux maréchaux. En tout, cent vingt personnes reposent en ces murs, depuis le prévôt général Lemaçon, mort en 1678, jusqu'au général Grancey, gouverneur des Invalides décédé en 1973. Les urnes contenant des cœurs sont posées sur des cippes en marbre dans différentes cryptes. Il y a là le cœur de Vauban, exhumé de Bazoches dans la Nièvre à la demande de Napoléon, celui du général Leclerc, celui de Kléber, mort au Caire pendant la campagne d'Égypte et dont les Allemands refusèrent obstinément de restituer le corps inhumé à Strasbourg. Citons également le cœur de La Tour d'Auvergne, premier grenadier de la République, celui du maréchal Lannes qui fit ici un court séjour avant d'être transféré au Panthéon. Voilà pour les plus connus. Mais s'y trouvent également les cœurs du général Baraguey d'Hilliers, mort de fatigue et de maladies contractées pendant la retraite de Russie, du général Éblé qui fit construire par ses pontiers une passerelle sur la Bérézina pour permettre la fuite de la Grande Armée, les cœurs des lieutenants généraux de Conchy et de Bisson, du général d'Hautpoul, du général Négrier, du maréchal Sérurier...

À côté des cœurs de ces valeureux, il est encore un brave dont l'histoire post mortem fut particulièrement mouvementée : le maréchal de Turenne (1611-1675). À sa mort, ce grand soldat avait eu les honneurs de la nécropole royale de Saint-Denis. Son cercueil fut donc profané comme tous les autres en 1793. On eut la surprise, tout comme pour Henri IV, de trouver son corps presque intact et Lenoir, présent ce jour-là, s'opposa à ce qu'une si honorable dépouille rejoignît les autres dans les fosses creusées devant la basilique. Il confia le corps momifié à un certain Host, gardien des lieux. Celui-ci confectionna un nouveau cercueil et exhiba le corps du grand soldat de Louis XIV moyennant finance. Les bons payeurs pouvaient même se procurer quelques reliques, dents, ongles ou cheveux. Camille Desmoulins se serait ainsi approprié un doigt de Turenne, car lorsqu'il vint à Saint Denis, il ne restait quasiment plus de dents sur la dépouille. Finalement, le botaniste Desfontaines demanda à emporter le corps embaumé au Muséum d'Histoire naturelle du Jardin des Plantes. Turenne va y demeurer deux ans, dans une vitrine où il sera présenté environné de fossiles et d'animaux empaillés. Bouleversé par cette scandaleuse exhibition, Beaumarchais prend fait et cause pour Turenne et en appelle au ministre François de Neufchâteau : « Que peut donc avoir de commun le squelette du grand Turenne avec les animaux que votre enceinte nous conserve. [...] Qu'aurait dit Montecuculli de voir son vainqueur figurer au milieu d'une ménagerie ? » Grâce à cette intervention, Turenne quittera sa vitrine, sera inhumé quelques temps au musée des Monuments français de Lenoir, puis transféré sous le dôme des Invalides à la demande de Bonaparte alors Premier Consul. Ce transfert solennel a lieu le 22 septembre 1800. Tout Paris se précipite pour assister à cette cérémonie dont le procès-verbal précise que « dans le cortège, on expose l'épée de Turenne et le boulet qui l'a frappé », objets prêtés pour l'occasion par le duc de Bouillon. En accueillant les restes mortels de Turenne, sous le dôme des Invalides, Lazare Carnot aura cette phrase : « Aux braves appartiennent les cendres d'un brave ; ils en seront les gardiens naturels. »

Le cœur de Turenne, dont la petitesse aurait frappé les chirurgiens de l'armée qui pratiquèrent son exérèse, serait conservé depuis 1819 au château de Saint-Paulet dans l'Aude, dans une petite boîte en carton. La dépouille de Turenne n'a donc plus de cœur, mais elle cohabite pour toujours avec ceux des plus vaillants soldats de l'histoire de France.

Au beau milieu de tous ces cœurs ayant battu dans la poitrine d'hommes de guerre, les différentes cryptes ont tout de même accueilli deux cœurs de femmes. Celui de la princesse de Wurtemberg, mais aussi et surtout, celui de Marie Maurille de Sombreuil, comtesse de Villelume, dont le dévouement filial fut hautement célébré par Victor Hugo. Pour sauver la vie de son père, gouverneur des Invalides promis à l'échafaud dans les toutes premières heures de la Révolution, elle aurait bu un verre de sang humain.

Ossuaire

Il suffit de creuser à peu près n'importe où dans le sous-sol parisien pour tomber sur un os ! Il n'y a d'ailleurs rien là que de très normal, si l'on songe que Paris compta jusqu'à cinq cents cimetières sous Louis XIV. À ces innombrables cimetières d'églises, qui ne furent pas tous intégralement vidés de leurs occupants malgré le soin avec lequel ils furent nettoyés à la fin du XVIIIe siècle, il faut ajouter ceux plus anciens dont l'existence ne fut révélée qu'au fil des ans, au hasard de fouilles ou de travaux. Du côté de la rue du Val-de-Grâce et de la rue Pierre-Nicole, dans le Ve arrondissement de Paris, deux cent trente tombes gallo-romaines furent ainsi mises au jour au cours de travaux réalisés entre 1872 et 1913. Les squelettes avaient encore entre les dents l'obole pour le paiement de la barque à Charon. Sage précaution, quand on sait que dans la mythologie romaine nul ne peut accéder aux « Champs Élysées », équivalant au paradis chrétien, s'il n'a pas sur lui de quoi payer au passeur la traversée de l'Achéron, fleuve séparant le paradis de l'enfer nommé « Tartare » par les Romains. Autre étrangeté dénichée dans le sous-sol parisien : le squelette d'un géant de 2,10 mètres dégagé de terre dans les années 1860 lors de la découverte des arènes de Lutèce, à la faveur du percement de la rue Monge. Plus récemment encore, au cours des travaux de création d'un parking place Baudoyer dans le IVe arrondissement, un cimetière de l'époque carolingienne a été retrouvé au grand dam de l'entrepreneur chargé de sa réalisation. En effet, lorsqu'une entreprise de travaux publics fait de telles trouvailles, le code du patrimoine lui fait obligation d'en avertir le maire ou le préfet qui saisiront à leur tour le service d'archéologie préventive de la ville. Tout ossement humain exhumé du sol parisien et provenant d'un ancien cimetière doit être transporté aux Catacombes. Hélas, bien souvent les autorités compétentes ne sont pas prévenues, et ces restes mortels sont purement et simplement jetés à la voirie comme de vulgaires déblais : il ferait beau voir que la découverte de vieux os oblige à interrompre un chantier en cours ! Il s'agit pourtant d'un délit puni par la loi, tout comme l'est aussi le vol d'ossements. En mars 2004, deux jeunes gens ont comparu devant le tribunal correctionnel de Guingamp pour « profanation d'un édifice et atteinte à l'intégrité des cadavres ». Quelques mois auparavant, ils avaient volé des crânes et des os à Lanrivain, dans les Côtes-d'Armor dans un ossuaire du XVe siècle considéré comme le dernier de Bretagne. Avec les six crânes et les trois fémurs dont ils s'étaient emparés, les deux jeunes hommes qui se sont dits passionnés par le Moyen Âge comptaient fabriquer des couteaux et des photophores !

Instruit de quelques précédents célèbres, leur avocat aurait pu évoquer dans sa plaidoirie Rabelais écrivant dans *Pantagruel* qu'à Paris « les gueux de Saint-Innocent se chauffaient le cul avec les ossements des morts » ; ou bien encore cet autre témoignage des victimes du siège de Paris par Henri IV, entre mai et août 1590 : certains prétendirent en effet que les assiégés affamés s'étaient nourris de « pain de Mme de Montpensier », un pain où les ossements broyés faisaient office de farine.

Hélas, l'avocat des deux jeunes gens s'est contenté platement de plaider que des ossements vieux de plusieurs siècles et tombés dans l'anonymat ne pouvaient avoir fait l'objet d'une violation de sépulture, au sens où cette qualification est généralement retenue. Une plaidoirie bien peu convaincante puisque les pilleurs ont été condamnés à trois mois d'emprisonnement avec sursis et cent cinquante heures de travaux d'intérêt général. On espère que le président du tribunal leur aura suggéré de consacrer ce temps à fleurir des sépultures, briquer des pierres tombales et désherber les allées des cimetières !

Les os foisonnent dans nos sous-sols, mais il est bien évident que tous ne peuvent entrer en lice pour figurer au palmarès de la relique profane, compétition qui exige de ses participants un minimum de notoriété. Quels sont les ossements dignes de concourir ? Certains sont pittoresques mais n'ont pas vraiment d'histoire : les jambes de Colbert par exemple. On dit que le corps du ministre de Louis XIV aurait été transféré aux catacombes en 1787, mais que ses deux jambes se trouveraient toujours à Saint-Eustache, sous le monument funéraire édifié à son intention par Coysevox et Tuby. Dans la même veine tout aussi incertaine, les ossements de Mme de Pompadour se dissoudraient quelque part sous la rue de la Paix et ceux de la mère de Mozart sous la rue du Faubourg-Montmartre. Les ossements de Mme de Maintenon, dont la tombe fut profanée en 1793 à Saint-Cyr, auraient été récupérés par un abbé et mis dans une caisse. Lorsque, bien plus tard, elle fut ouverte à nouveau, on constata qu'elle contenait un os de trop : un tibia de vache ! Enfin, autre histoire d'os bien connue des amoureux de Paris, celle des ossements des victimes des journées révolutionnaires dites « Trois Glorieuses » gisant sous la colonne de Juillet intimement mélangés aux restes de momies égyptiennes de l'époque de Ramsès. Certaines momies rapportées de la campagne d'Égypte étaient en effet si détériorées qu'il avait fallu se résoudre à s'en défaire et à les enterrer non loin du Louvre, du côté de ce qui deviendrait la rue de Rivoli. Les morts des Trois Glorieuses furent ensevelis dans les mêmes fosses durant tout le temps que dura l'édification de la colonne, c'est-à-dire une dizaine d'années. Ce furent donc les restes inextricablement mêlées des momies et des insurgés de 1830 qui furent déposés par la suite en grande pompe dans le mausolée souterrain. Il n'en reste sans doute pas grand-chose, car les communards mirent le feu sous l'édifice depuis le canal Saint-

Martin au moyen d'une embarcation incendiée, mais les plus optimistes des Parisiens persistent à dire que les cendres de Cléopâtre s'y trouvent certainement encore.

Le morceau de vertèbre de La Fontaine enchâssé dans une bague conservée au musée Carnavalet est également un candidat intéressant, mais hélas, on ne connaît pas son histoire. Son existence atteste cependant de ce que la « bague relique » fut vraiment l'un des *musts* du XIXe : cette « bague vertèbre de La Fontaine » vient en effet enrichir une aguichante collection où figurent déjà la « bague en os de Descartes » et la « bague en dent de la marquise de Sévigné » ! Mais une fois encore, condescendance et cris d'orfraies envers des pratiques supposées d'un autre âge seraient parfaitement déplacés car notre époque a redonné vie à cette joaillerie funéraire dans des modalités certes plus « high-tech » mais tout aussi tragicomiques : pour preuve, LifeGem, une compagnie américaine, propose à ses clients de transformer en diamant les cendres de leurs chers disparus.

Les cendres ne sont jamais que du carbone qui une fois porté à plus de 3 500 degrés, change de structure moléculaire et se transforme en diamant. D'après son slogan publicitaire, LifeGem propose là « un moyen plus propre pour garder les restes de votre défunt ». Plus propre, plus cher, puisqu'il en coûtera entre 3 000 et 20 000 euros pour 1 carat, et plus « tendance », puisqu'il est possible de choisir la couleur du diamant. Grâce à LifeGem et autres sociétés du même acabit, on peut désormais porter son défunt mari en bague ou en piercing sur le nez ou le nombril ! La taille du diamant est-elle fonction de la corpulence du défunt ? Cela n'est pas précisé. En revanche, sachez que vous pourrez bénéficier d'un discount de 20 % si vous commandez à l'avance, c'est-à-dire du vivant du « futur joyau », et pour toute commande groupée ! Enfin, signalons qu'en ce moment même LifeGem met la dernière main à la création de trois diamants de 0,5 à 1 carat qui devraient devenir les joyaux les plus chers au monde. Comment est-ce possible ? Ils vont tout simplement être réalisés à partir de cheveux de Beethoven provenant de la collection Reznikoff ! Le plomb que contiennent en grande quantité les cheveux du compositeur ne risque-t-il pas d'altérer la pureté du diamant ? Et puis, on aimerait bien savoir ce que les célébrités pensent de ce genre de pratiques : s'il perd le procès intenté à son coiffeur, Neil Armstrong ne court-il pas le risque de retrouver sa chevelure en piercing sur un rappeur ?

Quoi qu'il en soit, désormais instruit de l'existence de telles pratiques, osera-t-on encore sourire de ce XIXe naissant qui prétendait vitrifier ses grands hommes et en faire des coupes pour porter des toasts à la Nation ?

La vertèbre de La Fontaine, les jambes de Colbert, les cendres de Cléopâtre et le tibia de vache de Mme de Maintenon ayant été disqualifiés pour insuffisance d'informations, quels sont les ossements solitaires susceptibles de décrocher la timbale de la relique profane : la mâchoire de Molière peut-être ? Consulté à son sujet, le conservateur de la bibliothèque de la Comédie-Française confirme que son musée possède toujours, dans un petit cadre, un fragment d'os qui proviendrait de la mâchoire inférieure de Molière, relique accompagnée du texte suivant : « D'après un décret de la Convention nationale, les corps des grands hommes dont s'honore la France furent exhumés et transférés à l'Hôtel des Monnaies où leurs os devaient être convertis en verre calcaire pour être transmis à la postérité. On avait commencé les essais quand arriva l'ordre de rendre ces corps à leur sépulture ; la mâchoire de Molière resta au laboratoire de chimie. Donnée par M. d'Arcet, directeur général des essais à mon ami Jules Taschereau. Signé : Cloquet. »

L'existence de ce fragment de mâchoire est également signalée dans le catalogue du musée de la Comédie-Française de 1897, établi par Monval. L'objet n° 386 y est décrit dans les termes suivants : « Relique offerte en 1860 au Musée de Cluny par le Dr Jules Cloquet. Cédée à la Comédie-Française en décembre 1886 par le directeur du Musée de Cluny, M.A. Darcel. » D'après l'actuel conservateur du musée, il semblerait que la relique ait disparu un temps des collections pour les réintégrer mystérieusement en 1941. Il ajoute que la Réserve de la Sorbonne posséderait une relique identique, ce qui ne va pas sans jeter un certain discrédit sur celle qu'il détient. Ce scepticisme est d'autant plus fondé que de grandes incertitudes ont toujours pesé sur les lieux d'inhumation de Molière et de La Fontaine.

Mort le 17 février 1673, Molière fut enterré clandestinement au cimetière Saint-Joseph dans l'actuel IIe arrondissement de Paris, sous une modeste pierre tombale sans inscription. Armande Béjart, sa femme, « durant un hiver fort rude, fit voiturer cent voies de bois dans le cimetière Saint-Joseph, afin que les pauvres gens se pussent réchauffer au feu d'un bûcher qu'on alluma sur la tombe de Molière. Il en résulta que la pierre calcinée se fendit en deux morceaux[1]. » Grâce à cette particularité, les Parisiens reconnurent sa tombe pendant longtemps avec certitude. On avait coutume de dire que La Fontaine, mort vingt-deux ans après son ami, aurait demandé à être inhumé auprès de lui. Sa tombe aurait dû permettre d'identifier celle de Molière, mais il n'en fut rien et à la veille de la Révolution, dalle fendue ou pas, personne ne parvenait plus à tomber d'accord sur l'endroit exact où se trouvait sa pierre tombale. En outre, l'acte d'inhumation de La Fontaine vint contrarier la jolie tradition d'une cohabitation post mortem entre les deux hommes puisqu'il indiquait que le poète avait été inhumé non pas au cimetière Saint-Joseph, mais au cimetière des Innocents. Nullement découragés par ces contingences paperassières, quelques sans-culottes enthousiastes retrouvèrent au cimetière Saint-Joseph en 1792 deux cercueils présentés avec aplomb comme étant ceux de Molière et de La Fontaine et exhibés pendant plusieurs années dans la chapelle du cimetière. L'incontournable Alexandre Lenoir les y découvre bientôt et, naturellement, il les réclame et les obtient en 1799 pour son Jardin Élysée. À la fermeture des lieux, près de vingt ans plus tard, les ossements mélangés des deux amis

1. *Molière, sa vie et ses œuvres*, Jules Claretie.

sont transférés au Père-Lachaise. S'est-il trouvé quelqu'un ce jour-là pour prélever quelques ossements ? Les larcins avaient-ils été commis entre 1792 et 1799 ? Le fragment de mâchoire vient bien de Saint-Joseph, mais déjà à l'époque était-ce bien celui de Molière ? Cette importante question fit l'objet d'un rapport au préfet de la Seine, un document plus que sceptique sur l'authenticité de la relique. Compte tenu des nombreuses incertitudes entachant ce dossier, on peut raisonnablement penser que la sépulture actuelle de Molière au Père-Lachaise renferme les restes d'un inconnu et que celle de La Fontaine contient les restes de Molière... ou réciproquement ? Quant à la supposée mâchoire de Molière, elle est toujours visible à tout moment au musée de la Comédie-Française, non loin du cerveau de Voltaire.

Autres ossements célèbres et convoités : ceux d'Héloïse et d'Abélard. Jusqu'à la Révolution, leurs dépouilles avaient bien connu quelques déplacements d'une sépulture à l'autre, mais somme toute leurs six cent cinquante premières années d'outre-tombe s'étaient déroulées plutôt paisiblement. À l'aube du XIXe siècle, elles vont soudainement faire l'objet d'un extraordinaire déchaînement médiatique. Alors que nul n'avait jamais songé à les démanteler en reliques, l'Europe entière se met brusquement à leur vouer un véritable culte et à les convoiter fébrilement.

Abélard, chanoine de Paris né en 1079 au Pallet, en Bretagne, est le précepteur d'Héloïse lorsqu'il devient son amant. Il a alors vingt ans de plus qu'elle. Enceinte de ses œuvres, Héloïse va accoucher au

Palet d'un garçon nommé Astrolabe. Rendu furieux par la trahison de celui en qui il avait placé sa confiance, Fulbert, oncle d'Héloïse, exige des amants qu'ils se marient et s'engagent à vivre séparément. Pour s'assurer qu'Abélard tiendra parole, Fulbert le fait émasculer par ses hommes de mains. Les infortunés amants se retirent alors tous deux dans des monastères, Abélard fonde celui du Paraclet, près de Provins, dont Héloïse deviendra un jour abbesse. Jusqu'à sa mort en 1142, Abélard correspondra avec celle qui fut son élève, sa maîtresse et sa femme. Héloïse le suivra dans la tombe vingt-deux ans plus tard, en 1164, au Paraclet.

Au siècle où ils disparaissent, les seules reliques qui en général attirent le chaland ou plutôt le croyant sont celles qui ont été dûment estampillées comme « saintes » par l'Église. Or Héloïse et Abélard, s'ils ont été accueillis au sein de l'Église pour se consacrer à la prière et à la confession de leurs péchés, sentent davantage le soufre qu'ils ne sont en odeur de sainteté. Leur histoire mêlant passion amoureuse, naissance d'un enfant et émasculation n'est pas très catholique et n'inspire à personne l'idée de leur vouer un culte et moins encore celle de morceler leurs squelettes en reliques ! Certes, ce fait divers médiéval a tant frappé les esprits que, d'un siècle à l'autre, il s'est toujours trouvé quelque artiste pour en évoquer le souvenir dans son œuvre ; ce sera notamment le cas du poète François Villon sous la Renaissance. Mais cet intérêt est sans commune mesure avec le formidable engouement qui prend naissance à la fin du XVIIIe siècle. Pour toute une génération, Héloïse et Abélard vont incarner l'amour absolu et fatal : « Aux âmes avides d'infortunes amoureuses, de sensualité, d'outrance, de cloîtres gothiques et de sépulcres, les aventures d'Héloïse et Abélard offraient un thème de choix [1]. » Il n'est pas un auteur qui ne s'enflamme pour les amants persécutés, depuis Pope le poète anglais, Rousseau et sa *Nouvelle Héloïse*, l'histoire d'une élève amoureuse de son maître jusqu'à la mort, en passant par Lamartine et Alfred de Vigny.

Un grand collectionneur de reliques va se mettre en tête d'inscrire Héloïse et Abélard à son tableau de chasse. De qui s'agit-il ? La réponse devrait maintenant venir à l'esprit du lecteur de façon quasi pavlovienne : d'Alexandre Lenoir naturellement ! Il faut d'ailleurs reconnaître qu'il va beaucoup contribuer à la promotion du mythe des deux amants. Dans un premier temps, il devra batailler énergiquement pour récupérer les ossements convoités pour son Jardin Élysée. La municipalité de Nogent-sur-Seine, qui les garde depuis que le Paraclet est devenu « Bien national », n'a aucune envie de se déposséder de ses gloires locales au bénéfice de la capitale. Mais Lenoir s'accroche à son projet et se rend sur place afin de procéder à l'ouverture du double cercueil, opération dont il est dressé procès-verbal : « Il a été reconnu que cette caisse a été divisée en deux parties par une lame de plomb et que l'une des parties contenait les restes d'Abélard consistant en divers ossements parmi lesquels on distinguait particulièrement des portions de fémur, de tibia, plusieurs côtes et entre

1. *Héloïse dans l'histoire et la légende*, Charlotte Charrier.

autres une grande partie du crâne et la mâchoire inférieure. » Il est surprenant que les os de ses bras ne soient pas mentionnés, car la légende prétend que lorsque Héloïse le rejoignit dans la tombe, le squelette d'Abélard lui ouvrit miraculeusement les bras ! Le procès-verbal poursuit : « L'autre partie renfermait également les restes d'Héloïse parmi lesquels on remarquait particulièrement une tête dans son entier, la mâchoire inférieure en deux parties, des ossements de cuisses, de jambes et de bras conservés dans leur entier, tous lesquels ossements ainsi que les épitaphes ont été remis au citoyen Lenoir. » Lenoir rapatrie ce double cercueil à Paris et va le stocker pendant quelques années dans son propre bureau, littéralement transformé en self-service de reliques ! Sans compter toutes celles qui furent probablement escamotées à son insu, les nombreuses lettres de remerciements que contient la correspondance de Lenoir attestent que lui-même distribua avec libéralité des portions de mâchoire supérieure, de radius, de fémur, d'humérus en veux-tu, en voilà ! La chose était bien dans ses habitudes : n'avait-il pas déjà fait réaliser quelques bagues en os de Descartes pour les offrir à ses amis ? Villenave – déjà l'heureux propriétaire de la Constitution de 1793 en peau d'aristocrate – aurait lui-même reçu de Lenoir des fragments d'os et des dents d'Héloïse et Abélard. Ajoutant à ceux déjà cités de Descartes, Voltaire, et Napoléon, un nouvel exemple de l'acharnement britannique à vouloir s'approprier les restes de « nos » grands hommes, Villenave racontera également que les Anglais proposèrent jusqu'à « mille écus » pour une seule dent d'Héloïse !

Pendant que les reliquats d'Héloïse et d'Abélard patientent dans son bureau, Lenoir se consacre à la conception et à l'édification du futur mausolée des amants dans son Jardin Élysée. Il leur concocte un monument funéraire à sa façon, fait de bric et de broc mi-antique, mi-gothique, mélangeant tout à la fois le cénotaphe d'Abélard, une tête de femme choisie dans la réserve du musée des Monuments français, des colonnes soustraites à Saint-Denis et divers éléments décoratifs prélevés à Royaumont et à Saint-Germain-des-Prés. Le mausolée est achevé en 1807, les nouveaux romantiques peuvent enfin venir, de préférence à la nuit tombée et à la lueur des flambeaux, se recueillir douloureusement et verser une larme amère sur leurs amours évanouies au pied de ce monument hétéroclite.

Mais bientôt, pour attirer une clientèle parisienne hésitant encore à se faire inhumer dans la terre non consacrée du Père-Lachaise, on transfère dans ce premier cimetière laïc de la capitale quelques vedettes au nombre desquelles figurent Héloïse et Abélard mais aussi Molière et La Fontaine. À la faveur de ce transfert, effectué en novembre 1817, Alexandre Lenoir aurait souhaité donner à l'effigie d'Héloïse une apparence plus proche de la réalité. D'après le catalogue du musée des Monuments français, son visage actuel serait en fait un masque mortuaire reconstitué d'après le crâne même d'Héloïse au moment de son emménagement au Père-Lachaise.

L'épopée d'Héloïse et Abélard mise en pièces sur l'autel du romantisme prend-elle fin en 1817 au Père-Lachaise ? Bien évidemment non, car la parcellisation excessive de leurs restes mortels les a condamnés à refaire l'actualité à chaque fois que réapparaît la moindre escarbille osseuse supposée leur avoir appartenu. Ainsi des fragments de leurs ossements, à l'origine propriété de George Sand, ont-ils été remis solennellement le 26 janvier 2006 par Christiane Sand, sa descendante, au musée... du Vignoble nantais ! Conservés dans une petite enveloppe transmise de génération en génération, les sept débris d'os sont désormais présentés sur le tapis rouge d'une jolie petite vitrine, dans une salle du musée consacrée aux infortunés amants. Et comme un bonheur n'arrive jamais seul, quelques semaines à peine après cette cérémonie, en février 2006, le musée recevait également un morceau d'os d'Abélard qui venait de lui être légué par une certaine Mme Brissaud, née Blanchecotte, descendante en droite ligne de Lenoir. Elle avait hérité d'un bocal contenant deux os, l'un attribué à Abélard, l'autre à La Fontaine plus un fragment de la cotte de maille de Blanche de Castille. On ignore, hélas, qui détient désormais ces deux dernières reliques.

Enfin, en ce moment même, un extraordinaire reliquaire en bois d'amarante, véritable chef-d'œuvre d'ébénisterie, attend de trouver un acquéreur. Commandé par Alexandre Lenoir lui-même, il contient une magnifique édition de la correspondance des amants ainsi que le catalogue du musée des Monuments français et divers certificats d'authenticité signés de la main de Lenoir. Deux petites capsules cerclées d'ivoire contiennent des fragments d'ossements et une dent d'Héloïse. Oui, vous avez bien lu messieurs les Anglais : une dent d'Héloïse !

En avril 2005 s'est tenu à Loches, en Indre-et-Loire, le premier colloque d'une toute jeune discipline créée à l'occasion de l'étude menée sur le cœur de Louis XVII : la « pathographie » ou « biographie morbide des personnalités de l'histoire », selon l'expression de son fondateur Pierre Léon Thillaud. Le choix du lieu n'était pas anodin puisque Loches est la ville où les restes exhumés d'Agnès Sorel (1422-1450), la « Dame de Beauté », favorite du roi Charles VII, venaient de faire l'objet d'une expertise très poussée. Le professeur Charlier, paléo-pathologiste à l'École pratique des Hautes études de la Sorbonne et médecin au service de médecine légale de l'hôpital Poincaré à Garches, a tenté avec son équipe composée d'une vingtaine de chercheurs de déterminer les circonstances de la disparition de la jeune femme, morte brutalement à l'âge de vingt-huit ans. A-t-elle été empoisonnée ? Les mobiles n'auraient pas manqué d'en vouloir à sa vie : elle était très jalousée à la cour, sa liaison avec le monarque faisait scandale et l'on a également prétendu qu'elle était sur le point de rejoindre Charles VII à Jumièges en Normandie pour lui révéler un complot ourdi contre lui, lorsqu'elle fut opportunément terrassée par un mystérieux « flux de ventre ». Vingt chercheurs se sont penchés pendant six mois sur les fragments de crâne et de mandibule d'Agnès Sorel contenus dans un simple pot de grès ainsi que sur l'impressionnante mèche de ses cheveux conservée au musée du Berry à Bourges et sur d'autres reliques qui lui étaient attribuées dans des musées et des collections particulières. Première conclusion pittoresque de cette étude approfondie : dans les cheveux analysés, le professeur Charlier et son équipe ont retrouvé des esquilles de fil d'or donnant à penser que la jeune femme portait une mantille dorée lorsqu'elle fut mise en terre. Seconde découverte amusante, l'équipe a détecté sur la face reconstituée une déviation de la cloison nasale vers la droite donnant à penser qu'Agnès Sorel ronflait ! Mais ce sont là les conclusions périphériques d'une étude qui avait pour objectif essentiel de confirmer ou d'infirmer l'empoisonnement. Sur ce point, l'analyse des ossements et des phanères a révélé qu'Agnès Sorel est morte d'une intoxication au mercure. Les sels de mercure étaient en général administrés pour favoriser l'accouchement (or Agnès Sorel, enceinte pour la quatrième fois des œuvres du roi, n'allait pas tarder à accoucher), pour lutter contre l'ascaridiose (colonisation du tube digestif par des vers), affection dont il a été établi qu'elle souffrait effectivement, ou enfin, dans l'intention de donner la mort. Ceux qui crurent à l'époque à un meurtre mirent en cause Jacques Cœur, mais aussi le dauphin, futur Louis XI, qui détestait cordialement la favorite de son père, sans parvenir à prouver leur culpabilité. Quoi qu'il en soit, les différents moyens dont dispose aujourd'hui la pathographie ont permis d'établir avec certitude que la Dame de Beauté était enceinte, qu'elle ronflait, qu'elle souffrait d'ascaridiose, qu'elle s'épilait les sourcils et le haut du front, et qu'elle a absorbé une dose très importante de sels de mercure ; en revanche, on ne pourra jamais dire avec certitude si sa mort résulta d'une « erreur médicale » ou d'un acte criminel. Au moins ces expertises auront-elles permis de respecter avec retard les dernières volontés exprimées par Agnès Sorel dans son testament en lui faisant parcourir dans une urne les quelques mètres qui séparent le logis royal, où elle reposait jusqu'alors, de la collégiale Saint-Ours où elle se trouve désormais.

Si les expertises du crâne, de la mandibule et des cheveux de la favorite ont permis d'en savoir davantage sur les circonstances d'une mort jusqu'alors restée obscure, l'intérêt pour ces expertises s'est révélé décevant car la Dame de Beauté est peu connue du grand public. En revanche, la relique sur laquelle Philippe Charlier et son équipe ont entrepris de se pencher ensuite et dont l'analyse est actuellement en cours passionne déjà la France entière. Il pourrait même s'agir de la plus belle pièce de notre pêche aux illustres abattis, du résidu humain d'exception qui permettrait de conclure en apothéose le chapitre consacré aux bas morceaux : une côte de Jeanne d'arc ! En toute simplicité !

En février 2006, une dépêche de l'Agence France Presse annonçait l'intention du professeur Charlier de procéder à des analyses génétiques sur un fragment de côte attribué à Jeanne d'Arc : « Pendant six mois, on va étudier les restes présumés de

Jeanne d'Arc, ce sont des fragments de côtes, d'autres os indéterminés, des fragments de bois et de tissus. » Il y aurait même, semble-t-il, une petite chance pour qu'il reste quelques fragments de peau brûlée sur l'os de la côte. Mais seront-ils seulement exploitables ? Les fragments d'ossements sont la propriété de l'archevêché de Tours, mais il en a symboliquement confié la garde à l'Association des amis du Vieux Chinon en souvenir de la première rencontre de Jeanne d'Arc et de Charles VII dans cette petite cité. Il est d'ailleurs tout à fait étrange que ces restes n'aient pas fait davantage parler d'eux avant 2006, car l'existence du « Bocal de Chinon » est connue depuis fort longtemps. Son histoire a été racontée en détails vers 1895, par l'un de ses découvreurs, un certain Ernest Tourlet (1843-1907).

Ce monsieur était étudiant à Paris, où il habitait un meublé place de la Sorbonne, lorsqu'en 1867, un certain Noblet étudiant en pharmacie vint s'installer dans son immeuble. Les deux étudiants sympathisèrent. Noblet terminait un stage chez un pharmacien qui venait d'être exproprié de son officine de la rue du Temple et devait à présent s'établir non loin de là, rue Meslay. À la faveur de ce déménagement, le pharmacien offrit au jeune étudiant de conserver un vieux « droguier » retrouvé dans le grenier, un meuble de pharmacie dont lui-même ne connaissait ni l'existence ni le contenu. Les deux jeunes gens entreprirent de nettoyer le vieux meuble et de trier les bocaux hors d'âge qu'il renfermait. Sur le parchemin noué par une ficelle de chanvre qui fermait l'ouverture de l'un des bocaux, Tourlet distingua quelques vestiges d'écriture. N'imaginant pas un instant avoir affaire à quoi que ce fût de précieux, il passa un linge humide sur le parchemin et y déchiffra la phrase suivante : « restes trouvés sous le bûcher de Jeanne d'Arc, pucelle d'Orléans. » On imagine sans peine la stupéfaction des deux jeunes gens et leur exaltation d'avoir mis la main sur un tel trésor dans un vieux meuble initialement destiné à la décharge. Le temps passe et les deux hommes vont se perdre de vue, notamment du fait de la guerre de 1870 contre les Prussiens. Tourlet s'installe à Chinon et ne revoit Noblet qu'en 1876 : « Maintenant que vous habitez votre ville natale, Chinon, où Jeanne d'Arc eut sa première entrevue avec Charles VII, ce bocal serait bien mieux chez vous que chez moi : voulez-vous l'emporter ? » aurait proposé Noblet.

Pendant quinze ans, Tourlet conserve le modeste reliquaire sans oser regarder son contenu. Mais en 1890, le bocal est ouvert à Orléans par une commission d'experts. Voici quelles furent les conclusions de son rapport remis le 3 septembre 1893 à l'abbé Desnoyers : « Les ossements contenus dans le flacon sont au nombre de trois : 1/ Une portion de côte humaine qui a été calcinée au feu et plongée ensuite dans un baume en fusion qui le recouvre d'un enduit protecteur assez épais. 2/ un fragment d'os long appartenant à un petit quadrupède. 3/ un petit fragment d'os plat indéterminé mais ne provenant pas d'un squelette humain. Le linge est constitué par une toile grossière formée de chanvre pur et datant du XVe siècle. » On y trouve également « deux morceaux de chêne, dont l'un est formé de couches de bois concentriques reliées entre elles par une matière résineuse et recouvert d'une toile grossière de chanvre pur ». Instruit de ce dernier élément, l'abbé Desnoyers aurait demandé bouleversé : « Y aurait-il trop d'audace, en pensant qu'il y a là un morceau de la torche avec laquelle le bourreau a mis le feu au bûcher de Jeanne d'Arc ? » En fin de compte, ce rapport concluait à une authenticité probable mais non certaine des restes contenus dans le flacon. Les experts devaient se montrer très prudents : le 14 mai 1431, jour de son exécution, Jeanne d'Arc n'avait-elle pas été brûlée par trois fois ? Et le cardinal de Winchester n'avait-il pas donné l'ordre que les cendres de la « sorcière » soient ramassées avec soin puis jetées à la Seine ? Une légende tenace ne tarderait d'ailleurs pas à prétendre que l'ensemble du corps de Jeanne s'était consumé à l'exception de son cœur !

En toute objectivité, il ne paraît pas absurde de penser que l'homme chargé de jeter les cendres de Jeanne à la Seine les ait finalement conservées, ou que quelque Rouennais se soit aventuré discrètement près du bûcher après l'exécution de Jeanne pour y récupérer des restes indéterminés. Le fait que le bocal indique « restes trouvés sous le bûcher » plaide plutôt en faveur de l'authenticité de son contenu. Si l'on avait voulu mentir sur celui-ci, on se serait montré plus péremptoire en écrivant : « Restes de Jeanne d'Arc. » Celui qui a rempli ce bocal ne savait pas trop de quoi il était en train de le garnir : un fragment de côte humaine, certes, mais aussi ce qui semble être un os de poulet et peut-être même un os de chat ! Ce détail a son importance, car lorsque la personne que l'on brûlait était accusée de sorcellerie, ce qui fut bien le cas de Jeanne d'Arc, il arrivait que l'on jetât un chat dans le brasier.

Que peut-on attendre de l'étude en cours ? L'utilisation du carbone 14 permettra de déterminer l'année de décès, et l'analyse des pollens en identifiera le mois. « Tout ce que l'on pourra dire : ce sont les restes d'une femme, qui avait dix-neuf ans, qui est morte en 1431, aux alentours du 30 mai, et qui a été brûlée trois fois de suite le même jour[1]. » Pour sa part, le professeur Charlier semble dès à présent tout a fait persuadé que cette côte appartient bien à la jeune héroïne. Si c'est bien le cas, cela modifiera du tout au tout le « statut » du bocal de Chinon. En effet, pour l'heure les ossements qu'il contient ne sont pas considérés comme reliques par l'Église. Mais comme Jeanne d'Arc a été canonisée en 1920, si la côte lui appartient, le bocal de Chinon sera instantanément répertorié comme « sainte relique ». Dans ce cas, le Vatican pourrait demander à récupérer quelques fragments de son contenu.

Et si la côte s'avérait masculine ? Le bocal de Chinon serait alors ravalé à l'état de vulgaire souvenir folklorique du « mythe johannique ». Une conclusion décevante pour le grand public mais réjouissante pour les historiens farfelus affirmant depuis toujours que pour avoir été en mesure de « bouter les Anglois hors de France » revêtue d'une armure de 50 kg, Jeanne d'Arc devait être non pas une frêle donzelle... mais un solide gaillard ! Jean d'Arc en somme !

1. AFP, février 2006.

CADAVRES EXQUIS

Les bras chargés d'illustres abattis moissonnés dans la terre froide des cimetières, dans les cabinets de curiosités, les musées, les reliquaires, les bocaux de formol et les salles des ventes, sur des sites Internet et dans des albums photographiques, nous laissons sans regret derrière nous le royaume des morts pour regagner progressivement la lumière du jour. Le moment est venu de désigner, parmi les débris organiques glanés outre-tombe, le plus digne de remporter la palme de la relique profane. Dans cette âpre compétition, quelques trouvailles tiennent indéniablement la corde : la jambe momifiée de Catherine de Médicis, envers laquelle on l'aura compris l'auteur de ces lignes éprouve une tendresse particulière, le squelette de Cadoudal monté sur fil de fer, le morceau de peau de Napoléon dans son médaillon, la dent du roi Dagobert, le cerveau de Voltaire ou la côte de Jeanne d'Arc, sans compter le tibia de vache de

Mme de Maintenon ! Mais pour émouvantes et significatives qu'elles soient, aucune d'entre elles ne semble cependant en mesure de rivaliser avec l'objet unique qui à lui tout seul réunit et synthétise toutes les autres reliques évoquées au fil des pages, le véritable graal de la relique profane.

Ce trophée existe. Il s'agit d'un reliquaire constitué par Dominique Vivant Denon (1747-1825), créateur du musée du Louvre, directeur général des Beaux-Arts pendant plus de quinze ans sous le premier Empire et la Restauration. Un objet dont le contenu est tout à la fois monstrueux et extraordinairement romanesque, et qui a pour particularité de rassembler à lui tout seul des échantillons organiques de presque tous les grands morts évoqués jusqu'à présent.

Voici l'objet tel qu'il est décrit dans le tome 1 du catalogue de la collection Denon, édité à l'occasion de la vente posthume de ses biens en 1826. « N° 646. Cuivre doré – Un reliquaire de forme hexagone et de travail gothique, flanqué à ses angles de six tourillons attachés par des arcs-boutants à un couronnement composé d'un petit édifice surmonté de la croix : les deux faces principales de ce reliquaire sont divisées chacune en six compartiments, et contiennent les objets suivants » : Fragments d'os du Cid et de Chimène, fragments d'os d'Héloïse et Abélard, cheveux d'Agnès Sorel et d'Inès de Castro, partie de la moustache d'Henri IV, fragment du linceul de Turenne, fragments d'os de Molière et de

La Fontaine, cheveux du général Desaix, autographe de Napoléon, mèche de ses cheveux, morceau de la chemise ensanglantée qu'il portait le jour de sa mort, feuille de saule pleureur cueillie sur sa tombe à Sainte-Hélène. À cette liste déjà impressionnante, il convient d'ajouter, en outre, un fragment d'une dent de Voltaire, figurant sous un autre numéro d'inventaire et intégré au reliquaire après la vente de celui-ci.

Dominique Vivant Denon était littéralement fasciné par les restes mortuaires de personnages illustres. Conquérants, écrivains ou amoureux célèbres, peu lui importait dès lors qu'il y avait un certain souffle, quelque chose de sublime, d'homérique dans l'histoire personnelle de l'individu représenté par sa relique. Denon ne faisait pas dans la bluette, l'eau tiède et les bons sentiments. Il lui fallait du génie, de la grandeur, du tapage, des cris, des larmes, des héros éclaboussés de sang, auréolés par la tragédie. D'une certaine manière, n'était-il d'ailleurs pas lui-même en droit de s'inscrire dans la filiation des héros auxquels il vouait une sorte de culte païen à travers son reliquaire ? Pour en juger, considérons brièvement sa propre trajectoire : aristocrate originaire de Chalon, il vient tenter sa chance à la cour de Versailles. Distingué par Louis XV pour son talent de peintre et son entregent, il devient conservateur des pierres gravées de Mme de Pompadour, puis « Gentilhomme ordinaire du roi ». Bientôt, il effectue de mystérieuses missions diplomatiques dans toute l'Europe : à Venise il multiplie les conquêtes féminines, à Naples il fait la connaissance du sulfureux Cagliostro, à

Saint-Pétersbourg, il rencontre la Grande Catherine et à Potsdam, Frédéric II.

Bien qu'aristocrate, il traverse sans embûches la Révolution française et la Terreur, ne perdant guère en route que sa particule : De Non devient alors Denon ! Admirable narrateur, il est aussi bien l'auteur de *Point de Lendemain*, ouvrage libertin merveilleusement écrit, que d'un plus vertueux *Voyage en Sicile*, relatant ses souvenirs d'Italie. À cinquante ans, alors que les jeunes savants associés au corps expéditionnaire français empruntent des berlines capitonnées, Denon enfourche un cheval pour rejoindre à bride abattue l'ardent général Bonaparte en partance pour l'Égypte. Il vit pleinement cette épopée, frôlant la mort à plusieurs reprises, il dessine constamment et écrit le récit de cette aventure dans *Voyage dans la basse et haute Égypte*. Par la suite, à la faveur des conquêtes napoléoniennes, il va constituer pour le futur musée du Louvre la plus exceptionnelle collection d'œuvres d'art d'Europe. Bref, Denon n'est pas loin de pouvoir porter sur son propre destin le regard que porta Napoléon sur le sien lorsqu'il s'exclama : « Quel roman que ma vie ! » Représentons-nous maintenant un homme d'un certain âge, occupé désormais à enrichir ses collections personnelles et cherchant à compléter son reliquaire avec patience, année après année, relique après relique. Chaque fois qu'il en reçoit une nouvelle, il la dépose fébrilement dans la logette destinée à l'accueillir dans son reliquaire Renaissance. Ce reliquaire est son miroir. Un miroir des vanités, sans doute, mais Denon a vécu une existence suffisamment romanesque et exaltante pour être digne de le regarder en face, sans avoir à baisser les yeux.

Passons maintenant en revue le contenu de ce Panthéon domestique : les cheveux d'Inès de Castro (1320-1355), provenant du monastère d'Alcobaça au Portugal, faisaient certainement partie du butin réuni lors du sac de ce monastère bénédictin par l'armée de Junot, après la prise de Lisbonne en novembre 1807. Sans doute Junot en personne les donna-t-il à Denon ? Mais, au fait, qui était cette Inès de Castro dont la chevelure fut jugée digne de figurer dans le reliquaire ? Cette jeune femme d'une beauté légendaire fut la maîtresse de dom Pedro, fils du roi du Portugal Alphonse IV. À la mort de Constance de Penafiel, sa première épouse, dom Pedro se crut libre d'aimer Inès dont il eut plusieurs enfants. Afin d'éviter toute querelle de succession entre ces enfants et ceux de Constance, Alphonse IV fit assassiner Inès. Lorsqu'il accéda au trône en 1357, dom Pedro, devenu Pierre Ier, se vengea cruellement des meurtriers en les faisant mourir à petit feu ; puis, fou de douleur, il fit déterrer le corps de la femme qu'il aimait, lui posa une couronne sur la tête, la vêtit d'un manteau pourpre et la fit asseoir à ses côtés sur le trône. Il obligea ensuite tous les grands du royaume à venir baiser la main de la morte, pour lui prêter hommage comme à leur nouvelle souveraine ! Par la suite, dom Pedro fera édifier son propre tombeau à Alcobaça, face à celui d'Inès, afin qu'au jour de la résurrection le premier regard de chacun d'eux se pose sur l'être aimé. La belle et terrible histoire que voilà ! Denon devait à tout prix détenir quelque relique de l'un ou l'autre des protagonistes de cette tragédie.

Un an après le pillage d'Alcobaça, pendant la campagne d'Espagne, le directeur général des Beaux-Arts va procéder en personne à l'ouverture des tombes du Cid et de Chimène à Burgos et prélever des ossements sur leurs dépouilles. Les peintres Benjamin Zix, Adolph Roëhn et Fragonard ont tous trois immortalisé ce moment à leur manière. Chacune de leurs œuvres porte d'ailleurs le même titre : « Denon remettant dans leurs tombeaux les restes du Cid et de Chimène. » À n'en pas douter, la lecture de la tragédie de Corneille fit beaucoup dans l'enthousiasme de Denon à ouvrir les tombes de Burgos ! Pour prendre les reliques des deux amants, il n'eut qu'à se baisser et se servir. En revanche, l'origine du fragment de dent de Voltaire dont dispose Denon est assez obscure.

Se procurer n'importe quel « résidu » de Voltaire dut être une vraie gageure pour lui, car il nourrissait une immense admiration pour le philosophe. Dans sa jeunesse, en 1775, il avait fait le voyage jusqu'à Ferney, avait eu le privilège de rencontrer Voltaire, alors âgé de quatre-vingt-un ans, et de peindre son portrait. Dès son retour à Paris, Denon fit réaliser des estampes à partir du portrait en question et les diffusa avec un certain succès. Cela rendit Voltaire absolument furieux. Non seulement l'insolent jeune homme le représentait sous les traits d'un vieillard grimaçant entouré de personnages caricaturaux, mais, en outre, il gagnait de l'argent sur son dos en vendant l'estampe iconoclaste dont il était l'auteur ! Malgré ce coup pendable, Denon respectait infiniment Voltaire et deviendrait un jour l'heureux propriétaire de l'écritoire que le roi de Prusse Frédéric II avait offerte au philosophe français, pendant le séjour à Potsdam de ce dernier. Connaissant l'admiration de Denon pour Voltaire, Napoléon, entré en possession de l'objet, lui en fit cadeau à son tour. Mais de ceux qu'il admire, Denon entend bien posséder des souvenirs plus « personnels » qu'une simple écritoire. C'est pourquoi il fera l'acquisition d'un fragment de dent de Voltaire, probablement subtilisé lors de l'exhumation effectuée à l'abbaye de Scellières. Obtenir cette minuscule relique du philosophe dut être laborieux et problématique. En revanche, Denon ne rencontra aucune difficulté à se procurer des cheveux du général Desaix mort à Marengo en 1800, l'Empereur lui-même l'ayant chargé de se rendre à Milan dans la sacristie du couvent San-Angelo, pour y reconnaître le corps du général. Denon coupa de ses propres mains quelques cheveux sur la tête du brillant vainqueur d'Héliopolis, mort à trente-deux ans.

Pendant la campagne d'Égypte, les deux hommes avaient noué des liens d'amitié. Denon respectait Desaix pour son courage, son intelligence et le goût très sûr qu'il manifestait dans le domaine artistique. Napoléon fut lui aussi très affecté par sa mort prématurée et pria son directeur des Beaux-Arts d'organiser les funérailles. Ce que fit Denon, en mettant en scène le 19 juin 1805, au sommet du Grand-Saint-

Bernard, un hommage solennel de la Grande Armée à la dépouille du général. Un grand spectacle que n'aurait pas désavoué David !

En plus des cheveux de Desaix, Denon possédera également bien plus tard, ainsi que le mentionne la référence n° 722 du catalogue de ses biens, la « partie antérieure d'un pouce de la statue colossale du général Desaix par feu M. Dejoux, placée en 1810, sur la place des Victoires à Paris ». De cette statue qui avait fait scandale parce qu'elle représentait le soldat totalement nu, il ne restait donc plus à présent qu'un morceau de pouce ! Denon se serait-il rendu en personne sur le chantier de démolition pour le récupérer discrètement ? Il est vrai qu'ayant gravi pour Desaix les pyramides d'Égypte et le mont Saint-Bernard, il pouvait bien aujourd'hui marcher de son domicile du quai Voltaire jusqu'à la place des Victoires pour le morceau de pouce de son ami. Un ami qui cependant ne tarderait pas à être supplanté dans le reliquaire par un autre héros, mort en 1821. Il s'agit naturellement de l'empereur Napoléon auquel Denon vouait un véritable culte. Il lui devait sa carrière et sa fortune, et ne l'appelait que « l'astre brûlant ». Il n'y a donc rien d'étonnant à ce que l'Empereur soit le pensionnaire le mieux loti du reliquaire : son autographe provient sans doute tout simplement d'une missive adressée à Denon ; quant à la mèche de ses cheveux, au morceau de chemise ensanglantée et à la feuille de saule pleureur, ils furent vraisemblablement donnés au collectionneur par l'un des compagnons d'infortune de Napoléon à Sainte-Hélène. De toute évidence, l'acquisition des différents objets liés à Napoléon constitue véritablement un point d'orgue dans la constitution du « reliquaire Denon ». Tout à sa joie d'avoir aussi noblement enrichi son tabernacle domestique, le collectionneur y fait graver les noms de toutes les personnalités dont il possède des restes.

Pour se procurer les autres débris organiques figurant dans son « Panthéon personnel », Denon a beaucoup compté sur le plus compétent et le plus zélé de ses subordonnés : un certain... Alexandre Lenoir ! S'il y a une vraie concurrence entre les deux hommes dans la chasse aux reliques, leur duel ne se déroule cependant pas à armes égales puisque Vivant Denon est le supérieur hiérarchique de Lenoir, ce qu'il ne perd jamais une occasion de lui rappeler.

Pour être bien vu de son directeur, Lenoir va lui offrir quelques trophées de choix. En 1793, il met à profit sa présence à la basilique de Saint-Denis, où sont exhumées à tour de bras les dépouilles des rois de France, pour couper les magnifiques poils de barbe d'Henri IV contenus dans le reliquaire. Lorsqu'il confie la surveillance du corps momifié de Turenne à Host, gardien de la basilique, Lenoir s'approprie le morceau de linceul qu'il offrira à son supérieur. Il obtient les cheveux d'Agnès Sorel dont la tombe est ouverte en 1793 et 1801 à Loches et prélèvera les os de La Fontaine et de Molière en 1799, à l'occasion de leur transfert au Jardin Élysée. Enfin, ayant conservé dans son propre bureau pendant des années les cercueils d'Héloïse et d'Abélard, Lenoir y prélèvera tout naturellement de quoi permettre à Denon de garnir deux « capsules » supplémentaires de son mausolée. Tandis que les logettes vides se peuplent progressivement de fragments organiques, Denon accumule chez lui d'autres souvenirs du même genre. Ainsi, impressionné par sa brève et unique rencontre avec Robespierre aux Tuileries (il était venu y présenter des « costumes républicains » sur ordre du peintre David), il a fait l'acquisition du masque mortuaire du tribun révolutionnaire. Lors de la visite qu'elle fit à Denon en 1817, une certaine lady Morgan remarqua ce « masque de Robespierre, pris sur sa figure avant que la lividité de la mort en eût effacé un seul des traits qui peignaient son âme perverse. Il est impossible de jeter les yeux sans frémir sur ce portrait fidèle d'un original effrayant ». Comme on ne prête qu'aux riches, on a également pensé que le directeur des Beaux-Arts était le mystérieux propriétaire de la tête de Charlotte Corday. Mais il a plus vraisemblablement connu les Corbeau de Saint Albin et leur aura simplement demandé à voir leur précieuse relique familiale.

Poursuivant le récit de sa visite chez Denon, quai Voltaire, lady Morgan ajoute : « Je trouvai dans cette curieuse collection quelques objets qui échappent à toute classification : un petit pied humain parfaitement conservé et qui peut-être faisait autrefois partie de quelque aimable Bérénice, de quelque belle Cléopâtre. » Étrange personnage que ce Vivant Denon ! À côté des œuvres d'art les plus belles et les plus classiques (le catalogue de sa collection ne faisait pas moins de trois volumes de trois cents pages chacun), il accumule des reliques, des momies, des masques mortuaires et diverses représentations des difformités de la nature : des goitreux, ainsi qu'un « dessin de Dürer représentant deux siamoises, Marguerite et Elisabeth, nées en Bavière en 1512 ». Autre coïncidence étrange, c'est Denon qui exigea de Lenoir qu'il lui adresse les anges de vermeil qui surmontaient à Saint-Paul les carditaphes de Louis XIII et de Louis XIV, anges dont le contenu fut transformé en mumie par Drolling et Pau de Saint-Martin. Comme par hasard, Denon possédait justement chez lui une petite toile de Drolling intitulée *La Lecture d'une lettre*. Est-il possible que ce tableau ait été badigeonné de « mumie royale » et que Denon l'ait su ? Enfin, une ultime question vient à l'esprit : s'il n'était pas mort avant d'avoir achevé de « garnir » son Panthéon personnel, aux restes de quels personnages Denon aurait-il consacré les logettes latérales de son incroyable reliquaire ?

On aura beau lancer à la volée tous les noms possibles et imaginables, jamais on ne saura s'ils auraient reçu l'approbation de Denon. Ceux de musiciens ou de peintres auraient-ils fait l'affaire ? Le reliquaire en manque cruellement ! Bach, Mozart ou Léonard de Vinci auraient-ils été au goût d'un collectionneur aussi exigeant ?

Mais il est vain d'imaginer ce qui aurait pu être, quand l'urgence est plutôt de signaler ce qui est : en l'occurrence, non seulement l'extraordinaire objet dont le contenu vient d'être évoqué existe encore, mais il est visible tous les jours de 10 heures à 18 heures, au musée de l'Hôtel Bertrand à Châteauroux ! Voisinant avec la volière de Napoléon à Sainte-Hélène, le reliquaire de Vivant Denon est exposé dans une jolie petite vitrine. Se trouver face à lui est un grand moment d'émotion. Force est de reconnaître que la cohabitation de Molière, La Fontaine et Voltaire, du Cid et de Chimène, de Napoléon, d'Henri IV et autres illustres personnages dans un seul et même réceptacle, récompense notre quête au-delà de toute espérance. Le reliquaire de Vivant Denon remporte donc haut la main la médaille d'or toutes catégories de la relique profane. Que ceux qui entendraient lui en contester l'attribution parlent maintenant... ou se taisent à jamais !

Bibliographie

Les Grands Serviteurs de la Monarchie, Louis Madelin, Flammarion, 1933.

L'Affaire Corday Marat, Jean Épois, Le Cercle d'Or, 1980.

De pierre et de cœur. L'Église Saint-Sulpice, 350 ans d'histoire, Cerf, 1996.

L'église Saint-Sulpice, Charles Hamel, 1900.

Richelieu, Michel Carmona, Fayard, 1983.

Richelieu, conférence de M. Charles Chauve, fév. 1963 ; conférence de Mme Hidelsheimer, janvier 2006.

Guide des tombes d'hommes célèbres, Bertrand Beyern, Le Cherche midi éd., 2003.

Histoire secrète de Paris, Georges Bordonove, Albin Michel, 1980.

Folklore et curiosités du vieux Paris, Paul-Yves Sébillot, Maisonneuve et Larose, 2002.

Notes et Souvenirs, G. Lenotre, Calmann Lévy, 1940.

Choses vues, Victor Hugo, Folio.

Paris révolutionnaire, G. Lenotre, Perrin, 1906.

Talleyrand, Jean Orieux, Flammarion.

Talleyrand, Le Prince immobile, Emmanuel de Waresquiel, Fayard.

L'Assassin de Napoléon, René Maury, Albin Michel.

Autour de l'empoisonnement de Napoléon, Nouveau Monde éditions, Fondation Napoléon ; nov. 2002.

Revues du Souvenir napoléonien, n°s 443, 453, 458 (articles de Jacques Macé).

Revue du Souvenir napoléonien, n° 462, « Napoléon et l'Hôtel des Invalides, Panthéon des Gloires Militaires », Céline Gautier.

Vieilles maisons, Vieux papiers, G. Lenotre, Perrin, 1928.

Le Cabinet secret, Docteur Cabanès, 3e et 4e séries, Albin Michel.

Sire, Jean Raspail, éditions de Fallois, 1991.

La Mort de Voltaire, article de Jacques Bréhant, Sem. Hôp, 1984.

Mémoires de mon crâne, René Des-Cartes, Philippe Comar, Gallimard, 1997.

Dictionnaire historique des rues de Paris, Jacques Hillairet.

Cloner le Christ, Didier Van Cauwelaert, Albin Michel / Canal + éditions, 2005.

Revue des amis du Vieux Chinon, 7 juin 1972, « Le Bocal de Chinon ».

Le corps du Roi Soleil, Michelle Caroly, éditions de Paris, 1999.

Appendice à la vie de Voltaire par Condorcet, par Gustave Avenel et Émile de La Bédollière, 1867.

Souvenirs de la marquise de Créquy, Albin Michel, 1926.

Le Cavalier du Louvre, Vivant Denon, 1747-1825, Philippe Solers, Folio, 2001.

Vivant Denon, l'homme des Lumières, Picard.

Dominique Vivant Denon, l'œil de Napoléon, catalogue

de l'Exposition, Réunion des Musées nationaux, 2000.

Les Vies de Dominique Vivant Denon, La Documentation française, Paris, 2001.

La Relique de Molière du cabinet du baron Vivant Denon, Ulrich Richard-Desaix, Paris, 1880.

Remerciements

Mme Berthoumieu, musée Goya, Castres.

M. Charlet, historien des cimetières de la Ville de Paris.

M. Maximilien Cuttoli, musée de la Conciergerie.

Mme Violette Boulet, musée Tavet-Delacour.

M. Jérôme da Cunha, iconographe du présent ouvrage qui s'est révélé descendre en droite ligne de Inès de Castro !

M. Bruno Fuligni, commission d'Histoire de l'Assemblée nationale.

Mlle Céline Gautier, musée de l'Armée, Hôtel national des Invalides.

Mme Françoise Hamon, professeur d'Histoire de l'art.

Mlle Hurel, conservateur des objets au musée Carnavalet.

Mme Hidelsheimer, conservateur en chef aux Archives nationales, spécialiste de Richelieu.

Mme Elsa Marguin, conservateur adjoint, chargée des Collections. Centre historique des Archives nationales.

M. Philippe Mennecier, conservateur des collections du Musée de l'Homme.

Mme Michèle Naturel, directrice des musées de Châteauroux.

M. Portal, spécialiste de l'histoire de l'église Saint-Sulpice.

M. et Mme Simonnet, descendants de Cadoudal.

M. Jean-Pierre Portefait, urbaniste.

Et M. Philippe Comar, auteur de *Mémoires de mon crâne*. Pour l'affabilité de son accueil, le plaisir de l'avoir rencontré à l'École nationale supérieure des Beaux-Arts, ancien emplacement du Jardin Élysée d'Alexandre Lenoir, et celui, non moins grand, d'avoir pu grâce à lui tenir en mains le pied d'une momie... qui était peut-être celui que vit lady Morgan chez Vivant Denon ? Ou encore celui de Cléopâtre récupéré sous la colonne de Juillet pendant la Commune ?

Table

BAS MORCEAUX

CADAVRES EXQUIS

Ce volume a été composé
par PCA

Impression réalisée sur CAMERON par
BRODARD ET TAUPIN
La Flèche
en juillet 2007

N° d'édition : 01684/05 – N° d'impression : 42794
Dépôt légal : juillet 2007
Imprimé en France